Manual do Bem-Viver

Dados Internacionais de Catalogação na Publicação (CIP)
(Câmara Brasileira do Livro, SP, Brasil)

Stauder, Antoine
   Manual do bem-viver : conselhos para uma vida integral / Antoine Stauder. — São Paulo : Ágora, 2004.

   ISBN 85-7183-876-3

1. Espírito e corpo – Terapias 2. Holismo 3. Medicina alternativa 4. Medicina psicossomática 5. Naturopatia 6. Saúde I. Título.

04-3287
CDD-613.6

Índices para catálogo sistemático:

1. Bem-estar e saúde : Terapias alternativas : Ciências médicas   613.6
2. Saúde e bem-estar : Terapias alternativas : Ciências médicas   613.6

Compre em lugar de fotocopiar.
Cada real que você dá por um livro recompensa seus autores
e os convida a produzir mais sobre o tema;
incentiva seus editores a encomendar, traduzir e publicar
outras obras sobre o assunto;
e paga aos livreiros por estocar e levar até você livros
para a sua informação e o seu entretenimento.
Cada real que você dá pela fotocópia não autorizada de um livro
financia um crime
e ajuda a matar a produção intelectual em todo o mundo.

Manual do Bem-Viver

Conselhos para uma vida integral

Antoine Stauder

EDITORA
ÁGORA

MANUAL DO BEM-VIVER
Conselhos para uma vida integral
Copyright © 2004 by Antoine Stauder
Direitos desta edição reservados por Summus Editorial

Capa: **Nelson Mielnik e Sylvia Mielnik**
Editoração Eletrônica: **Acqua Estúdio Gráfico**
Fotolitos: **Join Bureau**

Editora Ágora
Departamento editorial:
Rua Itapicuru, 613 – 7º andar
05006-000 – São Paulo – SP
Fone: (11) 3872-3322
Fax: (11) 3872-7476
http://www.editoraagora.com.br
e-mail: agora@editoraagora.com.br

Atendimento ao consumidor:
Summus Editorial
Fone: (11) 3865-9890

Vendas por atacado:
Fone: (11) 3873-8638
Fax: (11) 3873-7085
e-mail: vendas@summus.com.br

Impresso no Brasil

Agradecimentos

Agradeço a Kátia Barbosa de Oliveira, que processou a matéria bruta, digitou, arrumou, cuidou dela com inteligência, alta competência de editoração e, principalmente, teve muita paciência comigo.

Estendo minha gratidão também aos dez mil leitores mensais do *Guia Lótus*, que me deram atenção e, a alguns especialmente, que me encorajaram.

Agradeço à maravilhosa Geralda Paulista, que sempre digitou e corrigiu os textos e, freqüentemente, me ajudou a escrevê-los. Eu dizia, sentado na cama: "Escuta o que coloquei aqui até agora para a matéria do Guia...". Quando terminava, ela exclamava: "Claro! E você pode também dizer...". Daí em diante, eu escrevia em alta velocidade. Várias vezes isso aconteceu. E mesmo quando escrevi sozinho, fui nutrido pelo seu carinho.

Quero agradecer também às vozes de meus antepassados, que me inspiram, aos mestres que me despertaram e aos guias invisíveis que, com tanto carinho, me conectaram com a grande fonte, acessível a todos (que querem). Minha mente, meus estudos, me fizeram um puxador de caneta como se é puxador de samba-enredo. Quem o canta, meu povo, são vocês.

Agradeço à minha editora, Edith Elek, pelo incentivo e pela sabedoria ao ordenar o texto, e pelo carinho com que acompanhou todo o projeto.

Agradeço a Pierre Weil, grande sábio e amigo lúcido, pelo lindo prefácio.

Ao amigo Vivarta, editor do *Guia Lótus*, agradeço pela correção do meu português e pela invenção de bons títulos quando da publicação dos artigos.

A vocês, leitores, agradeço, por fim, por terem a coragem de crescer e terem esse desejo tão lindo de criar. Podem me chamar pelo e-mail da alma, que eu respondo. Conversaremos. Além do tempo, do espaço, estamos juntos.

Sumário

Apresentação 9
Introdução 11
   O Caminho de Compostela é aquele por onde se vai ... 13

Abra sua caixa de tesouros 19
Para mudar, é preciso gostar de si mesmo 24
É hora de fazer contato com seu centro 29
O bem de tudo que vive 34
Você vê fragmentos ou totalidade? 38
A verdadeira nutrição emocional 40
O bom uso do estresse 44
Veja sua alma no espelho 48
Você escutou o alarme? 54
Perceber o sentido da vida 58

Vida de gado, povo marcado 63
Tenha muito gás — e não gases 67
Lidando com cálculos e colunas 73
Barriga tipo carrinho de supermercado 77
O Sol e o risco das enchentes internas 82
E haja estômago! 86
Entre tantas dores e tristes humores 88
Pare o mundo que eu quero descer 93
Por uma vida menos ordinária 97
Com quem está o poder de decisão? 101
Comércio *versus* confiança 106
Desenvolvimento sustentável, vida aproveitável 111
As mulheres em nova adolescência 118
Paris, vinte anos depois 124
Celebrando os desejos de Deus 128
Viva! 132

Apresentação

É com o máximo prazer que respondo ao convite do meu amigo Antoine Stauder, para fazer a apresentação deste livro tão útil para a saúde e o bem-estar de todos.

E há nisso várias razões. A primeira é que Antoine é alsaciano como eu; mais que isso, nascemos na mesma cidade, falamos o mesmo dialeto: mistura de francês com um subproduto germânico.

Nós alsacianos somos francos, generosos e sobretudo práticos e simples. Pois é esta a segunda razão: o estilo do livro é simples e prático, e a linguagem toca diretamente o coração da gente.

A terceira razão é o conteúdo da obra, com o qual concordo plenamente. Antoine tem uma visão holística da vida e da saúde.

A quarta razão é que, embora possa ser consultado parte por parte, quando você começa a ler este livro não consegue mais parar. O conteúdo é fascinante, pois nos dá conselhos práticos e muito bem assentados em pesquisas e na experiência do autor em terapia psicossomática.

Arquiteto de formação primordial, o profissional da arte da construção olha agora para a arquitetura da sua alma e para a interação com todos os órgãos do seu corpo, assinalando os distúrbios, suas causas e os meios de curá-los.

Antoine pratica o que ensina, pois seu aprendizado expandiu-se aos poucos, sob a orientação de grandes mestres do ocidente e do oriente. Ele nos apresenta aqui uma síntese original e digna do nosso respeito.

Pierre Weil
Brasília, maio de 2004

Introdução

Em Brasília circula um guia alternativo, publicado mensalmente há anos, e lido pela "aldeia alternativa", que floresce misturada com a cidade convencional dos funcionários e empresários. O *Guia Lótus*, antigo *Guia do Ser*, é distribuído gratuitamente, pois é financiado pelo grande número de anúncios que veicula sobre terapias alternativas, restaurantes naturais, massagens, acupuntura, lojas de produtos naturais, cursos e eventos de crescimento pessoal, autoajuda, produtos e serviços da nova era. O que faz as pessoas procurarem esse caderno grátis são as matérias que dividem as páginas com os anúncios. Todos os meses o público procura os textos de vários colunistas. Um dia, fui convidado para escrever um artigo pela equipe que faz o *Guia Lótus*, meus amigos Mangala, Nartan, Shakyamuni e o redator Vivarta. O público gostou de minhas orientações sobre saúde natural e passei a escrever. Procurei dar o melhor de mim.

Cada mês, num processo semelhante a um ciclo menstrual e ovulatório masculino, eu ficava nervoso, enrolando até a data-limite da redação para entregar meu texto por e-mail, corrigido e digitado pela Geralda, minha mulher, a alma mais gêmea de toda a minha vida.

Era um trabalho árduo todos os meses. Eu me sentava na varanda até altas horas da noite. Confesso que cheguei a usar café, droga poderosa para vencer a preguiça. Eu dopava o motor mental e, no dia seguinte, ficava triste. Mas o que saiu não foi de autoria do café, foi minha autoria, de muitas encarnações.

Por isso, fico feliz ao ler o manuscrito que reúne os artigos. Ele resume muito bem o meu esforço.

Agradeço ao pessoal do *Guia Lótus* pela oportunidade, pelo desafio que me proporcionou para, como seringueira, dar minhas pérolas de borracha e fazer algo que sirva aos outros.

O Caminho de Compostela é aquele por onde se vai

Foi uma longa busca. Você tem a sua gravada na alma. É só realizar as etapas. É um Caminho de Compostela... interior. Para alguns, é uma *via crucis*; já outros estão além e crescem pelo êxtase. Comecei por estudar arquitetura, Paris, 1965. Entre os professores encontrei meu primeiro mestre. Em um livro publicado com outros alunos de arquitetura, eu dizia: "A técnica da revolução está na revolução da técnica".

Gostaram de minhas experiências com estruturas leves e econômicas e me convidaram para ser professor na faculdade. Eu estava com 23 anos. Entretanto, eu já havia feito uma viagem alucinógena com *datura stramonium* (leia Castañeda) e vivenciado experiências de corpo extraordinárias em teatro de vanguarda com Bob Wilson. Ele foi meu segundo mestre e havia trabalhado com crianças autistas.

Na faculdade de arquitetura, achei que meus alunos pareciam muito bloqueados e propus uma série de exercícios corporais. A direção pedagógica aprovou e o curso — Apreensão do Espaço Vivido — ainda continua lá. Era quase um precursor da biodança, que estava sendo criada na mesma época.

Eram poucas horas semanais de aula e, portanto, me encontrei rico de algo que vale mais que dinheiro: tempo livre. Voltei a estudar as religiões orientais, o Tibete, as plantas medicinais, e acabei virando "macrô". Primeiro radical, depois flexível. Por essa época, descobri Kushi, meu terceiro mestre, dessa vez em medicina oriental e, inadvertidamente, em paranormalidade. Em meio ao sólido aprendizado, transes paranormais me deixavam, literalmente, em outras órbitas. Participei de trinta seminários com ele, traduzindo suas conferências para públicos numerosos e mais de mil consultas individuais. Transformação. Comecei a dar consultas de graça no Bol em Bois, restaurante natural parisiense, e a apresentar seminários pelo país. Para continuar estudando com Kushi, viajava de Paris a Boston duas vezes por ano. Nessas idas e vindas torrei toda a herança paterna, mas o investimento me faz viver bem ainda hoje.

Lamentava que experiências com mestres, com raras exceções, só acontecessem na Índia ou no Tibete e não nos países ocidentais. Aí apareceu Chi, ou *Sensei* (mestre), como a gente o chamava. Era vietnamita e chegava do Japão, onde tinha sido discípulo brilhante de shiatsu do mestre Masunaga. Formamos um pequeno grupo de apaixonados. Após as aulas de massagem, escutávamos seus ensinamentos até as quatro da madrugada, naquele restaurante em Montparnasse.

Eu tinha, na época, uma namorada que fazia parte do grupo. Um dia, em 1979, ela foi para a Índia ouvir um mestre muito famoso, e voltou muito linda e transformada; fiquei impressionado. Parei para ouvir as fitas do tal mestre — era Bhagwan Shree Rajneesh, hoje Osho. No verão seguinte passei um mês estudando técnicas alternativas de construção em Massachusetts (Estados Unidos) e, de volta a Paris, me decidi: "Vou para Poona". Lá, Arup, a holandesa que administrava o *ashram*, me achou muito "cabeça" e não quis me dar *sannyas*.

Voltei outra pessoa. Apaixonei-me por uma chilena que me propôs: "Vamos para a América Latina. Aqui em Paris não dá para ter filhos". Topei na hora. Lembrava-me de Osho dizendo: "A palavra mágica é *sim*". Vendi tudo, pedi demissão do cargo de funcionário público e fechei minhas contas. Primeiro fomos a Boston e, de lá, num *trailer*, rumamos para México, Guatemala, Honduras, Nicarágua, Costa Rica, Panamá, Colômbia, Peru, Chile. Um ano e dois meses de viagem, fazendo massagens e ensinando medicina natural.

No Chile voltou a vontade de construir. Depois de ter feito treze casas, o governo me convidou para dirigir projetos de moradias econômicas. Desenvolvi uma técnica que utilizava madeira e barro industrializado, produzindo "casas instantâneas" de boa qualidade. Uma ONG, o Centro de Estudo e Tecnologia, também se interessou pelo meu trabalho em Santiago e me procurou. Eram cinco ex-padres, pessoas maravilhosas. Financiados por igrejas protestantes alemãs e pela FAO, ensinavam a fazer hortas orgânicas a um povo que morria de fome. Lindo! Chorei de emoção quando vi as hortas-escolas. Eu fui chamado para resolver o problema básico após a fome: moradia. Construí obras-escolas — depois do aprendizado, o pessoal voltava para suas aldeias e construía com as próprias mãos.

Seis anos se passaram, quando um famoso psicoterapeuta, Doro, me convidou para vir a Brasília a fim de integrar sua equipe de trabalho. Aceitei, me separei e ... me tornei novamente um namorador. Namorei livremente e isso liberou meus processos criativos. Recomendo: faça amor. Na "república" onde eu morava, no Lago Sul, tinha biodança. Vivi êxtases de amorosidade humana, reaprendi a chorar. Acabei ingressando na Escola de Biodança de Brasília e me formei. Vi mais gente mudar com a biodança que com a terapia.

Atualmente ajudo pessoas a reorganizar sua vida, sua alimentação, seu corpo (massagem). Toda noite ofereço para turmas encantadas o aprendizado do shiatsu, da ayurvédica, da medicina natural, do diagnóstico e do tantra (arte de amar). Transmitindo conhecimentos aos outros, recebo muito mais. Aprendi que cada um de nós tem um grande sonho a realizar e que, para vivê-lo com intensidade, é preciso soltar as amarras. Pode ser um sonho pequeno, só para a gente, mas também pode ser um do tamanho do mundo, e aí é como participar da criação e recriação da própria vida.

No início, o professor dessa mudança muitas vezes é a disciplina: meditar com regularidade, escolher bem o alimento de cada dia e nutrir-se de idéias generosas e sábias em livros, cursos. Uma dica: torne-se um discípulo apaixonado de mestres vivos. Mas, uma vez iniciado seu próprio movimento, despeça-se deles com todo o carinho e gratidão e cresça pelo prazer (sexual, emocional, intelectual, universal). Assim, o seu carinho vai crescendo até abarcar a grande família humana. Por sua vez, aceite discípulos. Mostre uma dança para a turma. Os alternativos estão se tornando a única alternativa!

Para mudar de profissão é só estudar outra e começar. Não gaste sua energia estudando para passar em algum concurso público e, depois, ficar remoendo mesmice e tédio. Estude, sim, a nova saúde, a nova arte de amar, de se relacionar, a nova arte de se expressar, de se comunicar, a nova maneira de morar, de trabalhar, a nova arte de viver... Aí estão as novas profissões.

A era feudal acabou; a industrial já era. Começa um momento fecundo em que convém mudar. Abra mão de si mesmo e se ofereça ao mundo. A vida tem muitos presentes para lhe dar: aceite-os.

Abra sua caixa de tesouros

Ora! Esta vida aqui, vamos vivê-la ou não? Vamos explorar as possibilidades?

Você se lembra de como é chato ficar sentado numa sala de espera (dentista, médico, aeroporto)? Pois há gente para quem a vida é uma sala de espera. Sentadas em casa, as pessoas estão numa sala de espera; à mesa do escritório, apesar de se ocuparem com algo, estão numa sala de espera — ou melhor, numa sala de desespero. Nem sabem o que estariam esperando, nem se haveria alguma coisa a mais para esperar: no máximo, as férias ou a aposentadoria. Precisamos perceber que merecemos algo muito melhor.

Claro, é bom cumprir as tarefas programadas no *software* automatizado de nosso corpo: ter lindos filhos, com muito carinho, uma toca segura, ficar informado do que acontece na nossa região. Um animal faz isso também — o lobo, por exemplo. Os filhotinhos são bem-educados, como os nossos. Até aí nenhuma novidade para a evolução. Precisamos ir além — depois de cumpridos os deveres animais, como filhos, família, casa, profissão — e partir para criar, inventar algo novo. É essa a nossa parte divina.

..... NOVO RUMO ....

No útero materno repassamos 3,5 bilhões de anos de evolução — passamos por bactéria, peixinho, anfíbio, pequeno mamífero. E cá estamos, adultos, parados, só preocupados com "emprego", transformados em pregos, para o chefe bater em cima, "pregados" numa mesma empresa. Muitos de nós executam tarefas dóceis como bois, puxando a carroça do dia-a-dia sem jamais desobedecer, nutridos com alimentos para bovinos — iogurte, queijo — temendo o peão-chefe-presidente-marido.

Como tirar o navio encalhado do banco de areia? Aí vem a energia do terapeuta, do mestre. Aproveitando a maré alta da emoção, que alivia o peso, ele coloca o barco para navegar novamente, dá novo rumo à vida. Essa maré que desencalha pode ser um grupo de terapia, um curso de massagem, uma série de vivências de trabalho corporal.

Além da energia, o mestre tem a lucidez. Ele vê em você possibilidades que ninguém jamais imaginaria. Lê seu ser, acredita em você e desenrola o tapete vermelho na sua frente quando todos os outros diziam: "Ah, fulana não muda, ela é assim mesmo". O mestre está conectado com a própria natureza superior, por isso tem acesso à beleza da natureza superior do discípulo. Fica encantado com a beleza interior do ser adormecido que se apresenta. Ele dá o toque mágico do despertar.

O INCÊNDIO INTERIOR

Aprender a ser terapeuta é trabalhar em si mesmo, para sempre, e ativar degraus superiores da própria lucidez. Ativar a própria fornalha, o incêndio interior, até que tudo pegue fogo. Cumpri meu serviço militar no corpo de bombeiros de Paris. Sei que um pequeno fogo acaba quando não tem mais combustível. Mas um verdadeiro grande incêndio vai queimar tudo: o concreto queima, o metal derrete. É esse fogo que precisamos "acender" em nossa alma. Logo, provações e até doenças, medos, dificuldades, serão alimento para nosso fogo interior, acrescentando fulgor.

Esse é o raio que o terapeuta usa para transformar as pessoas prontas para a eclosão. Desenvolver pessoas é delicioso. Eu uso várias técnicas: shiatsu, ayurvédica, métodos de saúde natural, nutrição, anatomia, sonhos e também indico como usar a energia do amor no tantra.

..... FUSÃO TOTAL .....

Notei que, em geral, quem muda de profissão faz uma nova versão do que fazia antes, só que mais próximo do humano, ajudando as pessoas a renascer. Quando faz o que sua alma, há tanto tempo, pedia, você não está mais trabalhando, mas sim vivendo. Estará superocupado e encantado. Tornando-se terapeuta, você vai passar por momentos de desânimo e exaustão, mas logo virá o carinho, o agradecimento das pessoas que você ajudou a crescer. Esse pagamento é divino. Meus amigos terapeutas e meus ex-alunos sabem. E, de brinde, seus gastos materiais são pagos, ainda sobra.

Nós viemos de muito longe e vamos para longe. O estágio máximo de consciência no pequeno sistema em que estamos é a estrela-mãe, o Sol. Depois de vários estágios de encarnações muito mais avançadas, além da nossa, chegamos à fusão total, à entrega absoluta, à expansão total do pequeno ego que nos dava forma, na época, de humanos. Lá, no Sol, nem há mais átomos diferenciados – é puro plasma, partículas, prótons, elétrons, dançando juntos, numa unidade completa. Isso irradia demais e as migalhas dessa fornalha alcançam o planeta Terra e criam a magia incrível de vida — plantas, animais, humanos e espíritos.

Com esse fogo restituído no fogão, espiritualizamos nossos alimentos. Nenhum animal faz isso. Nenhum usa o fogo. Evoluíram muito pouco. Na noite estrelada, nos emocionam as estrelas onde seres luminosos brilham e avançam. Há uma bela lógica no Universo. Não é rígida — é fluida, é uma dança. Você tem muitas possibilidades na sua frente neste instante. Vá com coragem. Confie na grande lógica. Morrer, adoecer, são pouca coisa. Você continua além, luminoso. Pode ir.

Para mudar, é preciso gostar de si mesmo

A espécie evolui. Temos dado passos de gigante. Como ainda é o início da jornada, há sobressaltos no caminho. Depois de cada guerra, a civilização tem mudado bastante. O que temos inventado é admirável.

Será que só o ser humano evolui? Os animais não? Eles evoluem, sim. Passam de uma espécie primitiva a uma mais avançada, depois de muita experiência. Afinando a alma, passam de um estágio animal a outro mais sutil. De tartaruga a cavalo é um salto tremendo. Quantas possibilidades novas! Prazeres nunca vividos. Imagine, para uma memória de tartaruga, o prazer de um galope vigoroso. É uma celebração da vida.

Mesmo dentro da fase cavalo há experiências fantásticas: compreensão, evolução, realizando todo o programa. Tem cavalo que parece gente. Humano também tem todo um leque de experiências a realizar: evoluir como pessoa, estruturar-se como grupo (família, tribo ou empresa) ou constituir uma sociedade, até uma civilização — quando der. Nossa sociedade está estremecendo, querendo crescer. Tem sobressaltos, ataques de febre, erupções, incluindo perigo de morte, mas a natureza vai em frente.

OS FUTUROS POSSÍVEIS

Você tem na memória todos os seus futuros possíveis. Para acessá-los é preciso vivenciar coisas novas. Este é um mundo de luz e sombra. Algumas pessoas fazem questão de se manter na parte escura. Quando alguém se queixa de tudo o tempo todo e só vê desgraças, está bem no início de sua série de encarnações humanas. Outras, mesmo nas piores dificuldades, sorriem para as oportunidades de transformação.

No mundo do prazer e da dor, se você se satura de prazer está cheio do antídoto da dor e quase não a sente. Dá errado quando escolhemos prazeres pequenos para compensar grandes dores. Quando escolhemos alegria de baixa freqüência. Por exemplo, você busca prazeres sensoriais pequenos, se empanturrando de doces, para curar um sofrimento emocional, uma amargura da vida...

Funcionamos com sete centros de processamento de consciência (os chacras). O primeiro, embaixo, é o do instinto de sobrevivência; o segundo, da sensorialidade; o terceiro, do amor-afeto às pessoas; o quarto, do amor ao mundo, incluindo a curiosidade científica; o quinto, na garganta, é o que faz que você tenha voz na sociedade; o sexto, é do sexto sentido, da visão além do visual; e o sétimo, é a abertura ao sétimo céu. Se nosso sofrimento é de chacras altos, se nossa vida não é boa, é ela que precisamos mudar.

..... DO SEXO À SUPRACONSCIÊNCIA .....

A energia amorosa faz vibrar a corda inteira, do sexo (chacra 1) até a supraconsciência (chacra 7). Faça um amor gostoso. O homem não ejacula, descobre outra profundidade de prazer (prazer de viver), a mulher goza muito e forte. O circuito se ilumina. Com o aporte de energia do encontro, você trabalha sua consciência no ponto em que está em "construção", atualizando sua iluminação potencial.

As soluções para avançar surgem dos problemas, nos levando à transformação. "Às vezes o problema pode ser a própria solução", acrescenta minha filha Lola.

E como fazer para descobrir a solução?, pergunto eu.

Diz Lola: as pessoas estão focalizadas na parte ruim, nunca olham a parte boa. Dizem: "Que saco lavar a louça". Mas, pelo menos, a louça vai ficar limpa.

A dor pode ser uma solução?

"Sim! Por exemplo: seu pai morre. Você vai ficar triste, mas pode ficar mais madura. Seu namorado a deixa, mas você vai se dinamizar, mudar de emprego", conclui ela.

VERIFIQUE SUAS OPÇÕES DE VIDA

E você, em que ponto se encontra? Quantos centros de energia você está usando? Onde você vive? Vive numa gaiola, numa prateleira-apartamento, ou você tem um pedacinho de jardim onde pode tomar um solzinho? Na sua casa há luz? Bate sol? Há luz e calor natural? Ou você vive numa eterna noite de cortinas fechadas e ar condicionado ligado constantemente? Você faz contato com a natureza, ou só faz contato com objetos, produtos? Você cuida de uma planta? Você cuida de uma vida? Ou se dedica ao cuidado dos móveis, a ponto de os filhos não poderem freqüentar a sala, para não estragar os objetos? Não pode estragar o objeto, mas pode estragar a relação?

Com quem você vive? Tem um namorado, uma esposa? Essa relação lhe satisfaz? Nela há respeito? Carinho? Desejo, amizade, cumplicidade? Ou vocês se intoxicam mutuamente no dia-a-dia? Um olha o outro como uma possibilidade de amor e de crescimento? Ou se olham como se fossem uma ameaça permanente às crenças, às verdades, aos hábitos do outro?

É POSSÍVEL MUDAR?

E o que você faz? Trabalha no quê? Sua tarefa lhe encanta, ou você se arrasta para seus afazeres a cada dia? Você considera puro prazer o que faz, ou conta os dias que faltam para a aposentadoria? Seu trabalho é fonte de alegria, entusiasmo, ou é motivo de resignação, de queixa, de desânimo, de depressão?

Se a resposta a uma dessas perguntas lhe causou incômodo, pode ser sinal de que algo não vai bem e você gostaria de mudar. Já reparou que é possível? Para mudar terá de desejar do fundo do coração. As coisas mudam quando saímos do desejo e passamos para a atitude, quando você passa a fazer de forma diferente o que fazia antes.

É preciso coragem, é preciso determinação, é preciso gostar de si mesmo, para fazer novas trilhas na vida. E isso pode lhe fazer feliz. Sabe aqueles momentos em que você descobre uma ótima solução, aplica-a e ela funciona maravilhosamente, e você dá gargalhadas de felicidade?

Melhor chorar, lamentar ou gargalhar?

É hora de fazer contato com seu centro

Havia gente morando no centro do Brasil quarenta mil anos atrás. As datas são exatas. Deixaram desenhos sofisticados nas rochas do Piauí. Quarenta mil anos. Pense: da colônia até agora são pouco mais de quinhentos anos. Oitenta vezes esse período é o tempo em que já existia gente no país. Além dos quarenta períodos de mil anos, há algo mais antigo: paisagens iguais após sessenta milhões de anos. Foram encontradas pegadas de dinossauros, uma trilha inteira, na argila mole da época, fossilizada e que virou pedra desde então.

Você ainda vai se preocupar em atender ao telefone e cumprir milhares de microtarefas apressadas, fúteis, sem parar, até morrer? Daqui a quarenta mil anos ainda vai ter gente aqui, pode acreditar.

O que eu faço com isso? Vou lembrar de que disponho de um corpo que é um veículo incrível. Ele é comparável a uma astronave extraordinária, capaz de altas viagens astrais. Até agora, a gente só a estava usando de forma incompleta. É como se a astronave fosse arrastada, puxada no chão lamacento por cavalos. Quando e como se decide a diferença entre os dois estados de consciência? Quando e como escolhemos as duas formas de viver?

ENTRE DOIS CÉREBROS

Há no seu cérebro, neste instante em que você está lendo, duas estruturas distintas. Uma, bem antiga, corresponde a toda a parte central do cérebro. Foi formada em milhões de anos de vivência tribal de afeto, de ligação sagrada com a natureza, de solidariedade, de contato entre os seres e com o ambiente.

Mais tarde, foi formado o córtex, situado na parte externa do cérebro. Ele foi construído para resolver sérios problemas de sobrevivência. Entre eles, a "recente" glaciação Würms III — ocorrida cerca de doze mil anos atrás. Era pensar em soluções práticas ou desaparecer. Inventaram-se técnicas para resistir ao frio: construções pesadas, de barro, de pedra, estocagem de combustível (com desmatamento), conservação de alimentos.

E já que os grãos não cresciam mais, por causa da neve, foi necessário abandonar nosso alimento verdadeiro (cereais, leguminosas, verduras e legumes) e comer carne, matando animais. Estes se "viravam" comendo qualquer pedacinho de líquen ou musgo entre a neve.

Os cinemas da época relatavam memoráveis cenas de caçada, projetadas nas paredes das cavernas; era o "cavernema". Dessa época há desenhos também na Pedra Furada, do nosso Piauí.

UMA CIVILIZAÇÃO DO LUCRO

Acabei de ser interrompido pelo pessoal de casa me pedindo para trocar o botijão de gás. Sinal dos deuses. O estresse tecnológico da glaciação continua, só que agora é da civilização.

É justamente desse estresse que eu quero convidá-lo a sair, de fininho, "à francesa", sem pedir permissão, sem dar satisfação. Temos nesse "instante" de alguns milhares de anos uma civilização que é, acima de tudo, uma comercialização. O propósito é arrancar o couro do outro para obter lucro. Tudo é difícil, caro, e você tem de fazer muitos esforços, trabalhar absurdamente para comprar bugigangas. E seu pai lhe forçou a estudar, preocupado, para que você tivesse uma profissão para "ganhar dinheiro", mesmo que por isso você abandonasse o sonho da sua vida, sua realização pessoal, sua missão na Terra.

Entrei em estresse dias atrás. Eu estava terminando de dar um curso intensivo, muito bom, mas que me custou muita energia psíquica para produzir transformações nas pessoas. Logo em seguida, a vida me exigiu ser pai, cozinheiro, copeiro, motorista de criança, me tirando do contato com minha linda mulher, que estava muito interessada em ficar a meu lado. Desperdício! Fiquei bravo, bati forte, chutei vidro, e me retirei com minha birra. Até que ela se assustou, se ofendeu...

..... DRAMA DE CINEMA .....

Agora acabo de passar três dias descansando, com os cinco telefones desligados. Fiquei quieto, dormi quando senti sono, comi pouco e, principalmente, comi arroz integral. Senti a dor do corpo desmanchar, enquanto crescia a barba e a paz interior. Organizei minha mesa e minha cabeça. Voltei a fazer contato com meu hipotálamo, meu arquiencéfalo. Voltei a ter vontade de estar com gente, ser carinhoso com minha mulher, se ela ainda quiser. No instante em que escrevia isso, ela me liga do aeroporto, de volta da Venezuela.

Só contei minha vida para incitá-lo a escolher seu descanso, a decidir encontrar sua paz entre as batalhas. Nosso drama cotidiano é de cinema. O sangue é suco de tomate, é de mentira. O drama é uma ilusão. Você tem gravado na sua barriga o mapa do tesouro: é o seu instinto. Escrita nos seus cromossomos está uma sabedoria. Passe-a em leitura. Reencontre o pensamento natural. Reencontre-se consigo mesmo.

Numa vida indígena, como já tivemos outrora, há alta comunicação entre as pessoas em grande parte do tempo. Existe respeito ao espaço; grande parte dele é dedicado ao prazer de viver. Há pouquíssimos objetos. Um índio da Floresta Amazônica vive com oitenta objetos, em média. Um ocidental usa mais de quatro mil.

É tempo de conectar nossa inspiração com a fonte, o cosmo e tantos mensageiros. Evitando carne e álcool (a maior parte do tempo) diluímos nossa individualidade isolada para uma identidade mais coletiva. Surgirão em você atividades de cura, de criatividade social, expressões artísticas para alegrar as pessoas com música e mensagens. Nascerá um instinto de pesquisar e orientar, educar, cuidar.

O bem de tudo que vive

Por que a gente intuitivamente quer saúde? Para liberar a saúde da alma: a música-emoção do corpo-violão.

Algumas são violão mesmo; um "avião" dizem — mas tem de ser sem excesso de bagagens. Eu chamo o culote de "bolsas de queijo". Você carrega isso a todo lugar, até na praia.

Com tantas coisas a cuidar durante o dia, você esquece o que tem de fazer na vida. Na hora de morrer, você acha desagradável. Você se dedicou tanto ao dia-a-dia que esqueceu de caprichar no "vida-a-vida".

Um mantra na Índia reza assim (ele é tão importante lá quanto o Pai Nosso recitado no Ocidente): "Meditamos no fulgor inefável daquele Sol resplandecente. Que esse Sol dirija nossa compreensão para o bem de tudo que vive". O bem de tudo quanto vive!

Por que você quer saúde, então? Para completar o processo evolutivo. Para fazer todas as lições que correspondem a este plano de existência. Você faz desde o maternal até o doutorado (quer dizer, do nascimento até o óbito) para ficar livre. Para ganhar o diploma. Ter um nível vibratório tal que não precise mais repetir tudo. Pode descobrir o próximo passo da história evolutiva.

A LÓGICA NATURAL

Para ter "saúde" basta respeitar as leis naturais. Não gosto da palavra lei. Vejo mais como a lógica natural, a bela harmonia dos minerais, das plantas, dos animais, dos humanos e das dimensões sutis, não-visíveis.

Obstáculo número um para evoluir: o medo. Você pode ter medo ou não. Por exemplo, estou escrevendo, sentado, de manhã cedo, em meu jardim. Apareceu um gato meio selvagem e ficou me observando, visivelmente tenso. Chamei-o, mas ele me olhou de longe com medo — olhou, olhou e saiu correndo, assustado, quando eu gargalhei. Pois bem: ele perdeu uma oportunidade, pois ia ganhar comida. Se sentasse em meu colo ganharia carinho, e se chegasse a me encantar, receberia aposentadoria, hospedagem e mordomia até o fim da vida em minha casa. Mas não confiou.

O medo não serve, nunca. Jogue-o fora. É bom ser preparado, prudente, habilidoso, decidido — mas ter medo nunca é útil. Tive um *insight* poderoso quando começava o serviço militar. Nos levaram a uma piscina e nos fizeram subir no trampolim mais alto, aquele de salto ornamental. Você cai durante um tempão antes de chegar na água. Eu era mais um na fileira apertada de recrutas...

..... A GRANDE PIADA ....

Subíamos os andares até em cima e avançávamos na tábua. Quando chegou minha vez, quase empurrado pelos colegas até a ponta do trampolim, vi a piscina como um quadradinho azul lá embaixo e pensei: "Não!". Não adiantava: não conseguiria acertar a piscina minúscula lá embaixo. Eu cairia na borda, ou então meu corpo explodiria tocando a superfície, minhas tripas sangrentas se espalhando na água. Não, não, não — não pularia nem morto.

Me virei para voltar e descer, mas a fila preenchia a tábua toda! Impossível. O sargento já berrava lá embaixo: "Então! É para hoje?". Pânico total. Foi quando aceitei a morte, tapei meu nariz com a mão e pulei em pé. Nem me atrevi a mergulhar, pois meu crânio ia estourar no fundo da piscina. Pluft!

Quando voltei nadando para a borda, o que o pessoal viu foi um cara quase se afogando de tanto rir! Não tinha acontecido nada! Foi tão grande o contraste entre o pavor, o pânico e a brincadeira gostosa... Bastou deslizar numa nuvem de bolinhas na água. Moleza total. Nunca vou me esquecer. Até hoje me serve como lembrete de que o medo é ilusão. Pode confiar cem por cento na vida.

Você vê fragmentos ou totalidade?

Momentos. Você tem seus momentos de inspiração, e outros típicos de quando está só realizando tarefas mecânicas. Observando essas duas categorias de comportamento, muitas vezes parecem dois mundos em luta. Um maravilhoso e luminoso; o outro, corriqueiro, profano, cotidiano e invasor.

Mas será que existe uma forma de vivenciar esses dois modos de ser como uma unidade, uma continuidade, com coerência lógica? Se esse caos leva a alguma coisa, como posso então descortinar a estrutura de como o mundo funciona? Ela se parece com o quê?

Você já percebeu aonde quero chegar: a aparente luta entre Deus e o diabo, entre crescer e decair, são uma bela harmonia!

Uma sociedade costuma ter leis de formiga: "Trabalhe, trabalhe, trabalhe". A palavra de ordem dos nazistas era *arbeit macht frei*: "o trabalho liberta". Claro, esse tipo de idéia é sempre propagada pelos chefes. Numa sociedade de formigas humanas, parar para pensar é malvisto. E parar de trabalhar para pensar é ainda mais suspeito. Vão provavelmente chamá-lo de "místico", ou seja, de "não formiga". Quase como se você fosse doido.

UM OUTRO BRILHO

Deixarão você parar, mas só se for um pouquinho: as férias. Em espanhol, *vacaciones*. E em francês, *les vacances*. Ambas as palavras significam vazio.

Quando entro nesse vazio de não fazer mais nada, fico tão cheio — de vida, de lucidez, de saúde, de desejo de crescer, de carinho para com meu grupo social, minha tribo. Na solidão, entro em contato com a multidão dos meus pacientes, alunos, antepassados, espíritos-guias, mestres. Parando de mexer com os braços, as pernas e a mente, outro brilho aparece. Tem gente que não agüenta tal lucidez. Precisa encher a cara ou comer açúcar (que é cachaça sólida). Precisa fumar e/ou cheirar, porque senão o dia-a-dia é uma droga.

Eu sou uma consciência pessoal? Eu sou uma intuição? Eu sou consciência animal? Eu sou a consciência geral do universo? Eu sou tudo isso. Eu sou um. Urgente refazer a experiência da totalidade.

A verdadeira nutrição emocional

Cuide do que você coloca para dentro, como imagens, idéias, sensações, emoções. Os "alimentos" a evitar são, por exemplo, filmes em que as pessoas matam friamente. Algo fica ferido em nós com isso. Informações desnecessárias e deformantes também devem ser descartadas: relato contínuo de desastres de trânsito, crimes, tufões, cataclismos, terremotos.

Todos eles fazem parte da vida, é claro, mas prefiro ver Allan Watts na TV, dizendo algumas palavras, Fritjof Capra explicando algo, Gaiarsa numa palestra, Cristo num dia em que estava com pique (imagine um vídeo do século zero), Bachelard dando sua aula no Collège de France, Leonardo Boff sendo entrevistado.

Assim troco queixas pelos relatos de soluções. E a estes

costumo chamar de mestres "secos": livros, artigos, revistas, internet, filmes, discos.

Então, o que vou escolher para colocar na minha cabeça? Devo agir com a mesma precaução com que decido o que levo à boca-estômago-intestino-sangue-linfa-órgãos, que é igual à saúde-desempenho-criatividade.

AS PESSOAS

A comunicação entre as pessoas, mais ainda que o ambiente, serve como intensa nutrição da alma. Aquela conversa longa com a amiga, que lhe fez bem, o faz ver mais claramente o que está acontecendo. O diálogo amoroso com a pessoa que lhe dá tesão e amor o faz existir inteiro, como uma cigarra que está totalmente entregue ao canto amoroso. Deixe de lado a comunicação com a pessoa tóxica, que não quer sair de sua infelicidade.

Falemos de outro tipo de informações. São as sementes que você planta no terreno fértil da sensibilidade. São os mestres vivos. Seu guru, seu professor muito querido. Ele é mestre do próprio destino e por isso vai despertar sua consciência, seu mestre interior. Escolha um mestre e permita que ele lhe transforme. Nem precisa buscar: ele deve estar por perto.

O BOM ADUBO

Você tem, portanto, de "tomar conhecimento", deixar as informações externas entrarem em você (os cinco sentidos, o estudo, as entrevistas, as leituras, os filmes). E "tomar consciência" é um processo interno. Faz aflorar nosso potencial interior.

O que você toma de fora vai ser o adubo para o que cresce de dentro para fora. Se está passando um filme ruim, idiota, de gente dedicada a tirar a vida do outro o tempo todo, o melhor é desligar a TV. Na locadora, procure aquele filme lindo, que vai deixá-lo encantado por vários dias. E eles existem, sim...

No Oriente, dizem que a educação do bebê começa durante a gravidez. A mãe escolherá viver emoções lindas para que o pequeno tenha compreensão, por experiência, de que a existência pode ser muito boa, um paraíso.

UM PROJETO PESSOAL

A isso se chama Tai Kyo, a educação embrionária. Do mesmo modo, o corpo humano adulto é a placenta da alma, o corpo de vibrações que continua quando o corpo físico se autodescarta. Nossa vida com o corpo é a gestação da nossa alma. Vamos então criar condições favoráveis para que algo positivo aconteça com o nosso interior.

Podemos evitar certas emoções tóxicas (lugares, pessoas, atividades, sensações) e escolher uma seleção harmoniosa de atividades felizes. Em vez de nos queixarmos do chefe, da falta de verba, podemos montar um projeto para nós, mostrando que é possível fazer algo maravilhoso — mesmo num contexto adverso. E, assim como existe uma "alimentação natural", esta aqui seria a "emoção natural", a que faz você continuar a criação do mundo.

O bom uso do estresse

O corpo tem certas reações normais perante um desafio: o sistema retira muito sangue do abdome, estreitando os capilares, e o dirige para a cabeça — você vai ter de pensar muito rápido para tomar uma decisão que salve sua vida.

Mas o corpo também dirige o sangue para as pernas, pois talvez você tenha de correr para escapar do perigo. Daí o "frio na barriga" — na hora do desespero já não é tempo de fazermos a digestão, que pode esperar.

O problema é que se essa situação se repete com freqüência, começamos a entrar em estresse. E ele, então, vai nos fazer juntar coragem para mudar o que não dá mais para agüentar.

OS TRÊS ESTRESSES

Basicamente há três tipos de estresse. O físico ocorre quando você sabota seu próprio corpo, colocando comidas horrorosas, todas misturadas, em seu tubo digestivo. O intestino é responsável pela coragem ("fazer das tripas coração"), mas nesse caso ficará reduzido à eficiência zero. O medroso é um "cagão" (observação certeira do povo). Ou você pode sabotar seu rim, entupindo-o de gordura, que ele retira de seu sangue. Resultado: medo, interpretação equivocada da realidade.

Cada órgão tem uma função psíquica própria. Além da alimentação, a falta de sono ou a incapacidade de parar para descansar podem nos fazer ultrapassar os limites. Mas os orientais, por exemplo, davam conta de assumir muito mais situações de estresse que os ocidentais — isso porque sabiam como descansar, lançando mão de massagens, meditação e banhos quentes: o famoso ofurô.

O estresse emocional é o segundo tipo. A maioria de nós não está bem no amor. Ou o casamento dura há vinte anos sem que a mulher consiga atingir o orgasmo, ou a separação se arrasta. Hipótese ainda pior: você está sem ninguém há meses (ou anos!).

Temos então de ir à luta. Às vezes, antigos relacionamentos malterminados envenenam sua vida até hoje. Telefone ou escreva à pessoa para perdoar e dar paz a seu coração. E estude o *Tao do Amor* (o tantra), um caminho para transformar o ato amoroso em evolução espiritual, aprendendo formas de fazer amor como os deuses, em vez de fazê-lo como um animal, com pressa.

Mas o estresse mais insidioso, mais camuflado e mais tóxico é o espiritual: você não está fazendo o que queria nesta vida. Você veio só para trabalhar, pagar as contas, o aluguel e morrer? É só isso? Claro que na adolescência você queria fazer Biologia (compreender a vida) ou estudar Direito, buscando a justiça (que decepção com a lei humana...). Talvez você quisesse ser médico, cuidando da saúde do seu povo.

Algum sonho, porém, você queria realizar. E agora você tem um emprego absolutamente sem graça, mas ganha bem. Você está preso. E somente após um baita estresse vai juntar forças para aprender a fazer outra coisa, a cair fora. A realizar seu sonho e viver feliz, sendo diretamente útil à comunidade humana.

"O que você perguntaria a Deus se pudesse ter uma resposta direta e imediata?". A essa pesquisa, 34% dos norte-americanos responderam: "Qual o sentido da vida?" Já 19% disseram: "Há vida após a morte?" E 16% optaram por: "Por que acontecem coisas ruins?"

RESTAURANDO A MACROVISÃO

Todo mundo busca segurança: emprego, casa própria, aposentadoria, funeral financiado. Mas escondido nessa segurança há um risco terrível: morrer sem ter vivido. É uma temeridade que beira a inconsciência arriscar não viver seu processo evolutivo, cumprir apenas a reprodução animal e as funções fisiológicas, lidando com bens materiais sem poder alcançar uma consciência ampliada, vislumbre da grande realidade.

Você se tornou um pedacinho de unha da sociedade e lá vem o corta-unhas. O que fazer? Aprender algo novo. Fazer diferente. Comece então pelos detalhes. Liberte-se dos estresses inúteis (sabotagem do corpo e das emoções). De vez em quando pare tudo. Pare para pensar. Pare até de pensar! Se deixe flutuar, fluir, ser.

Todas as antigas religiões tinham um ponto comum: pediam para as pessoas pararem de trabalhar pelo menos por um dia — o dia do Senhor, o *shabbat*. Para restaurar a macrovisão. Mas claro que se você passa o domingo num churrasco e se enche de cerveja, só ganha corpo estacionado, desgaste físico e confusão mental: você fugiu da realidade para baixo. Seus rins enchem-se de colesterol, você vai ficar medroso e estressado a semana inteira, sem razão. Desmarque o churrasco!

Cuidando de seu corpo, você vai tolerar estresses muito mais altos — por exemplo, mudar de vida. Elimine o que não tem graça e comece a realizar seu velho sonho.

Veja sua alma no espelho

Você quer ver sua alma? Fique de frente para um espelho grande: o que você vê é sua alma.

Lembra-se de quando machucou o dedo, batendo com o martelo? Era seu corpo, porém você foi incapaz de pensar em outra coisa por vários momentos. Emoções, percepções, memória, como dissociá-las do corpo?

Como as emoções se relacionam com certas partes do corpo? Nossos órgãos fazem um trabalho interno, mas também influenciam a forma como percebemos o mundo, da pele para fora. Então temos um corpo da pele para dentro, e a outra parte desse corpo existe da pele para fora.

A personalidade e a forma de ler a realidade vêm do corpo, são uma coisa só, assim como violão e música. E quem vem estudando essa relação de corpo e psique são os chineses. Faz cinco mil anos que eles observam a emoção que cada órgão produz.

DOS PARADIGMAS AO AMOR

O intestino delgado, responsável pela assimilação dos nutrientes (no físico), influi (no sutil) sobre a aquisição de novas idéias. Um intestino delgado todo gorduroso, com mucosa suja, resulta não só em má-assimilação, mas também em dificuldades de aprendizagem. Conseqüência: a pessoa não assimila novas noções, não muda de paradigma.

Sabe-se que o coração está ligado à emoção do amor. Quando está com capilares entupidos de colesterol, com as coronárias saturadas, ele não tem mais paz. A pessoa ri demais, faz piadas sem parar. Quando você limpa seu sangue com alimentação correta e vida nova, o coração fica bom e a paz volta, mesmo no meio da batalha. Quem tem paz no coração pode acolher os outros nele.

O estômago é quem digere "cobras e lagartos", tudo que "não dá para engolir". A sabedoria popular observa há muito tempo a relação psique e órgãos, não só os chineses. E também a ciência pesquisou: se você estiver muito aborrecido, seu estômago, mesmo vazio, vai jorrar um ácido concentrado, como se recebesse um pedaço de carne não mastigado, um "osso duro de roer". No sentido contrário, se você maltrata seu estômago com misturas impossíveis de alimentos, acaba também perdendo a paciência com as pessoas. Um estômago bem cuidado faz de você uma pessoa acolhedora para os outros, simpática. Você "digere" bem as pessoas mais diferentes.

ALÉM DAS PARANÓIAS E TRISTEZAS

O pâncreas, sócio do estômago, trabalha na mesma linha, mas ligado ao intelecto. Ele analisa os detalhes do sangue. Do lado de fora, avalia os detalhes do sangue externo: o dia-a-dia. Com o pâncreas sobrecarregado de toxinas você não confia em ninguém, duvida de tudo, se sente perseguido, começa a ter fobias, paranóia. Melhore o pâncreas e vai emprestar seu carro, confiando no amigo, confiando na vida. Um excesso de trabalho intelectual prejudica o pâncreas: vá andar, faça biodança, namore.

O pulmão serve para suspirar: tem o suspiro de tristeza e o suspiro de felicidade. Se o pulmão se encher de muco por causa de tanto leite e açúcar, você se mantém numa faixa de tristeza — até mudar e respirar aliviado.

Já o intestino grosso, sócio do pulmão, é o órgão do herói, da coragem. Dizemos "fazer das tripas coração". Em francês, *avoir du coeur au ventre*. Em inglês, a gíria para coragem é *guts* (tripas). Quando o intestino está bem, forte, nos tornamos heróis do cotidiano, temos coragem para mudar o mundo, começando pelo nosso. Mas também chamamos de "cagão" quem tem pânico, que relaxa os esfíncteres. Com o intestino bem cuidado iniciamos novas obras e terminamos ("evacuamos") as tarefas.

DE MEDOS E RAIVAS

Que órgão produz o medo? Você já sabe: o rim. Lembre-se de que também dizemos "mijão" a um medroso. O mesmo paralelo existe entre atividades no corpo "de dentro" e no "corpo de fora": o rim filtra os líquidos do corpo. Se vier muita sujeira no sangue (alimentação, emoções) o rim fica sobrecarregado. Ele nos faz interpretar os líquidos de fora (os fluxos da realidade) como carregados de sujeira, e assim começa o medo. Tive uma revelação: não existe situação alguma que mereça medo. É útil ser prudente, é bom estar preparado, está certo tomar precauções. Mas aquele medo que paralisa nunca é útil. Se o medo está à frente, bloqueando sua passagem, coloque-o atrás, para empurrá-lo.

Com rins sossegados, livres de sujeira alimentar e emoções ruins, você desmancha os medos e passa a viver com grande segurança, ganhando poder de decisão. A bexiga guarda o líquido: com muitos depósitos produz medos guardados, receios, resistência. Aprenda a rir dos medos. O riso cura o medo.

Finalmente, fígado e vesícula biliar. O fígado maltratado de gordura, álcool e toxinas gera a raiva. Em japonês *kanshaku* (raiva) se traduz literalmente por "dor aguda no fígado". Você pode perdoar quem o xinga: a pessoa só está mal do fígado. A raiva nos faz perder a lucidez. Por exemplo, o sujeito está bêbado, às três horas da madrugada, e no barzinho surge uma briga. Ele puxa o revólver e mata o próprio irmão: estava cego de raiva.

..... EM BUSCA DA LUCIDEZ .....

Já a vesícula biliar, a dupla do fígado, conserva a bílis e a raiva por muito tempo. Sabe aquelas famílias inimigas típicas dos grandes latifúndios, como as famílias de Romeu e Julieta? Observe: eles comem bucho de bode, cozinham com banha de porco.

Quando permitimos ao fígado que se purifique, se limpe, sossegue, então adquirimos grande lucidez. O fígado é o órgão da mais alta espiritualidade. Cuidando dele ganhamos uma imensa lucidez, temos o vislumbre da grande compreensão, o quebra-cabeça está quase se completando: há expansão da consciência.

Quanto à vesícula biliar no "corpo de dentro", ela dissolve as gorduras. A bílis é o sabão líquido que deixa a louça limpa. No "corpo de fora", ela dissolve as coisas pegajosas, como a culpa. A vesícula biliar é o órgão do perdão. O mais lindo e mais difícil é perdoar a si mesmo, viver reconciliado com a vida.

Dizem que a verdadeira ética é baseada no afeto. Quando desabrocha seu amor para todos os seres vivos, seu comportamento se regula de dentro para fora. Ninguém vai precisar controlar. O resto é moralismo, regras de fora para dentro. Viva com afeto — e a biodança é uma porta. Você é um ser sagrado!

Você escutou o alarme?

Sua saúde é ativa. Não é passiva. É uma saúde-ação. Estar bem é uma saudação à vida. Para uma ação correta, temos de saber algumas coisas, precisamos estudar o caminho para uma viagem feliz.

Nossa sociedade-mercado oferece mil formas de organizar uma bela microfazenda dentro de seu corpo. Bactérias e vírus estão à espreita para proliferar e varrer você do mapa. O comércio lhe oferece listas de alimentos destrutivos, apresentados em mil cores, para que você se envenene dando lucro a certas empresas. E quando você está com dor, assustado, cai em outro sistema que vai transformar sua dor-aviso em lucro puro. Dinheiro grande para a indústria farmacêutica, para planos de saúde e para cirurgias desnecessárias a preço de luxo obrigatório.

Ninguém vai lhe explicar o que você tem, nem como chegou a esse ponto, mas vão lhe dizer quanto você tem de pagar. A primeira coisa que faz ao se hospitalizar é o cheque caução. Se você soubesse ficar em boa saúde, seria a pior desgraça... Afinal, há muita gente que começa a ter trabalho quando você perde o seu; a indústria da doença é grande. Quanto a você estar feliz, dá um lucro extraordinário para a sociedade, mas não em dinheiro — então não interessa.

O SISTEMA NERVOSO

Em vista da freqüência do problema, falaremos do sistema nervoso. Dor de cabeça e memória fraca são os primeiros avisos. Tudo começa nos encanamentos, os vasos finos. Um neurônio sem sangue começa a morrer. Imediatamente ele vai reclamar em forma de dor, pedindo-lhe para fazer algo. O oxigênio é questão de vida ou morte para o neurônio, seja na cabeça ou no corpo inteiro. Só com oxigênio acontece o influxo nervoso, a troca entre sódio e potássio no axônio. Se não chega sangue, o neurônio se deteriora e morre (Alzheimer, arteriosclerose, idosos sem cabeça, perdendo o melhor do passeio, estragando a aposentadoria para a qual pagaram durante anos, sacrificando a vida inteira).

Antes que seus neurônios morram por falta de oxigênio, você será avisado por intermédio da dor. E o analgésico não vai resolver a causa. Muitos de nós temos calcificações nas artérias da cabeça. O cálcio é de vaca, incompatível e servido pelas grandes marcas de derivados do leite. São tranqüilas e ricas criminosas.

O TAL COLESTEROL

Na fase inicial do problema, você não se lembra bem das coisas. O neurônio não está morto, mas está em coma. Ele não repassa a informação. Ora, a qualidade do momento presente depende da riqueza de memória que você tem. Se sua memória fosse total, abarcando até vidas passadas, você se iluminaria, viraria Buda, um espírito esclarecido.

Então, reduza a proteína animal, não mame vacas, saboreie arroz integral bem cozido, grãos, legumes e verduras cozidos e crus, frutas e, de vez em quando, uma besteirinha.

As pesquisas cada vez mais apontam a alimentação e também o modo de viver como origem do colesterol. Mais da metade do colesterol não vem da alimentação. Seu corpo o sintetiza como reserva, quando você está com medo, estressado, aborrecido. Elimine alguns gastos inúteis e trabalhe menos. Satisfações pequenas valem, mas grandes satisfações, novas escolhas de vida, vão lhe trazer paz ao coração. Perceba quantos cursos existem nos quais você pode vivenciar emoções, fazer novas amizades ou começar um namoro.

ANTES DO DESASTRE

Essa é uma forma de namorar você mesmo, sua parte mais linda, mais luminosa. Espreguiçar, dançar, ver o verde vegetal crescendo, lição de contemplação pura. Um nervo sujo de banha e queijo é hospedagem cinco estrelas para vírus. Seu sistema imunológico não penetra nos depósitos. A nova medicina atua antes do desastre, antes de a esclerose múltipla começar, antes da epilepsia, antes do estrago quase irreversível.

O capilar entupido com o mesmo lixo do produto animal e do estresse urbano vai causar um dano diferente em cada órgão: o coração com falta de sangue habilita novos capilares, mas engorda com capilares mortos — ele se dilata. Um lastro que dificulta os batimentos e aumenta ainda o gasto em oxigênio a caminho do enfarte. Válvulas tricúspides ficam gorduchas e não vedam mais: pânico a bordo e mal-estar em sua psique. Próstata e útero também dilatam pelo mesmo processo. O coração, dizem as últimas pesquisas, influi muito em nossa psique. Determina felicidade ou uma ansiedade difusa. Você escolhe. Podemos viver melhor sem dever nada a ninguém. Sai até mais barato, já que carne e queijo são a parte mais cara do seu carrinho de compras. Escolha e brilhe feliz.

Perceber o sentido da vida

São 600 milhões de estrelas nesta galáxia. Milhões e milhões de galáxias no Universo. E estão descobrindo que são muitos os universos...

Será que você ainda se preocupa com a hora?

São milhões e milhões de formas de vida diferentes. Algumas mais simples que a nossa e outras mais avançadas. Muitas são invisíveis, imperceptíveis para nós — nem sequer imagináveis.

Cada vez que eu viajo nessas grandes escalas me sinto mais saudável: me preocupo menos e vejo o que tenho de fazer de verdade. No nível em que estou, disponho de um corpo-mente-consciência antiquado. Como aquelas velhas engenhocas a vapor, cheias de tubos e pistões!

O melhor que posso fazer, então, é botar para funcionar direitinho toda essa máquina. Alcançar uma certa beleza e um resultado surpreendente, se Deus quiser. O manual do usuário foi perdido, há de se redescobrir como tudo isso funciona otimizado.

CORPO E CONSCIÊNCIA

Usei uma imagem *yang*, de máquina, bem clara para os meninos. Agora preciso escolher uma imagem que sirva para as meninas: você acabou de ganhar um bebê, filho ou irmãozinho e tem de descobrir do que ele precisa, o que está faltando, porque ele chora. E também lembrar o que o deixou risonho, encantado, feito um anjo que lhe faz derreter de amor...

Você é ao mesmo tempo mãe (consciência) e bebê (corpo), entendeu? Se não cuidar do corpinho, sua parte mãe-alma vai sofrer. Os vizinhos também, pelo choro, pelas queixas. Tudo não passa de alguns cuidados básicos, fáceis de compreender e aplicar. O bebê chora por umas poucas razões...

Traduzindo: por uns poucos erros simples você sente dor ou está infeliz na vida. Claro que, insistindo, chega à doença.

OS ERROS TÍPICOS

Vejamos alguns erros típicos. Prisão de ventre. O "banheiro da casa" não pode ficar entupido. Além do desconforto dos gases, do sangue sujo, um efeito grave foi detectado recentemente (pesquisas publicadas nas revistas *Science* (Estados Unidos), *Nature* (Inglaterra) e *La Recherche* (França)). Os gases intestinais passam pelo sangue, diluídos, degradam as paredes das artérias e as amolecem, aumentando muito o risco de derrame cerebral.

Causa inicial: a alimentação com contraste forte de *yin* e *yang*: carne, queijo, ovo, sal (*yang*) e açúcar, doces, refrigerantes, líquidos em excesso, frutas demais e muita coisa crua (*yin*). Nada no meio (grãos, leguminosas, legumes cozidos). O *yang* aperta os anéis do intestino, o *yin* dilata os espaços intermediários. Entre compartimentos fechados, as fezes não conseguem avançar.

Faça uma alimentação de monge — arroz integral, feijão, verduras e legumes cozidos — durante vários dias (ou várias encarnações). A lucidez vai voltar à cabeça (ainda nesta encarnação)...

..... O GOLPE DA INDÚSTRIA .....

O que você está fazendo aqui? Só o corpo prazeroso de se habitar vai dar respostas certas. Falemos de muco e catarro. A menina disse: "Estou gripada", fungando o nariz, de manhã. Não está: o corpo anda simplesmente botando para fora os alimentos de ontem, particularmente os geradores de muco. O corpo detecta o queijo e o leite como perigosos hormônios de outra espécie. Os guardas camicases (linfócitos) devoram o inimigo e morrem junto. Resultado: muco (milhões de linfócitos mortos e hormônios de vaca neutralizados).

Saída: os pulmões e os brônquios vão tossir e cuspir, se der tudo certo. Se engarrafar antes da saída é faringite, laringite, amigdalite, asma, labirintite, septo nasal inchado (algum médico vai querer operar). Saída dois: o muco vai para os rins. Entupindo-os você gera medo no seu dia-a-dia. O paraíso vira inferno. Outra fonte de muco, além do queijo: açúcar, doces, muita farinha branca, bolo, pão francês e, em certa medida, exagero de fruta, cerveja, líquidos. Saída três: corrimento vaginal, o muco vai para baixo e oferece um caldo fértil para candidíase, tricomonas, clamídia e tantas mais.

Cada ação do corpo tentando nos manter limpos ganhou o nome de uma "doença". A indústria fez um produto químico que impede o corpo de se limpar — ele pára o sintoma desagradável e bota você de volta na fábrica logo no dia seguinte (o lucro do dono foi protegido e você fica cheio de meleca). Essa, já que não pode sair, fica dentro e forma tumores. Mas não se preocupe, existem cirurgias logo ali por uma mixaria: trinta mil e mais "oitenta por fora" (citando entrevista com um importante médico brasileiro publicada na revista *Veja*). Enfim, você decide — ou se suicide.

INTELIGÊNCIA PREJUDICADA

Existe relação entre proteína animal e inteligência? Existe. Lembre-se, por favor, de algum grandalhão, carnívoro, autoritário, vermelho, irritado. Em geral ele é chefe. Ele é do tipo que não muda de idéia. As coisas são assim e ponto. Não se discute. Idéias novas não é com ele. Mudança de paradigma? Nunca ouviu falar. Qual a razão dessa rigidez mental? Simples: novas idéias, novas associações de idéias, existem só se houver conexões novas entre neurônios.

Para fazer isso, o corpo faz crescer tentáculos (os dendritos) em direção a outro neurônio — o que gera uma idéia nova, uma associação de idéias novas. Você constrói primeiro uma estrutura espiralada feita de proteína (aí está) e depois completa a estrutura com o revestimento de mielina, substância que vai transmitir a informação. Se você come muita carne e queijo, seu corpo está dedicado 24 horas por dia a desmanchar proteína. Como estará desfazendo proteína e construindo proteína ao mesmo tempo? Resultado: o carnívoro fica com seus circuitos sem novidades, enquanto o comedor de arroz integral e legumes cozidos (e de besteiras só às vezes) começa a desenvolver uma lucidez deliciosa, começa a ter *insights* sobre o sentido da vida, associa imagens e símbolos, passando a compreender sozinho coisas novas.

A comunidade agradece.

Vida de gado, povo marcado

Tomou seu leitinho? Lembra do comercial de uma empresa de laticínios em que uma criança pergunta isso a outra, reproduzindo a insistência da mãe? A mãe precisa insistir porque a criança, na maioria dos casos, detesta aquele nojento líquido genético de bovinos. Não é da própria espécie. Ela o rejeita, assim como são rejeitadas as tentativas de transplantes de órgãos de animais em humanos.

Mas acontece que a empresa convenceu a mãe. A criança, uma vez forçada e viciada, continua e não pára mais. É precisamente como a cocaína que vendem na frente dos colégios. Aí estamos com uma criança que vai se encher de leite e de queijo a vida toda. Agora ela obedece ao *software* bovino, gravado em hormônios no líquido. Seguindo as ordens químicas do leite, o menino vira gordo, grande e bobo.

Você já reparou no nível intelectual de uma vaca? É isso que você deseja para seu filho? Mas sabemos que as mães avaliam a qualidade do bebê por quilo, na balança do pediatra. O teor de fósforo é muito diferente no leite de humano e no leite de bovino. Só que não é possível perceber que o bebê está ficando estúpido, infra-humano: ele não fala. Que tenha gases causados pelo leite de vaca, isso sim dá para perceber pelo choro...

INTERESSES ESCUSOS

Há certas idéias que correm soltas como lixo nas ruas e nos alimentamos delas: "Leite é bom para crianças". Quem disse isso primeiro? Quem vende leite, obviamente: grandes empresas e reis do gado subsidiados por você. Lembre-se das campanhas de uma multinacional alimentícia na década de 1950 — contra o aleitamento materno e oferecendo seus produtos em troca.

Mas e o cálcio? Onde você vai consegui-lo? Qual alimento tem cálcio? Espere aí. Você tem orelhas. Você precisou comer refogado de orelhas para ter orelhas? E nariz? Comeu nariz frito para ter nariz? Você tem sangue. Quantos copos de sangue você bebe todo dia? Unhas... Você devorou unhas alheias? Não, você fabricou. Com o cálcio é a mesma coisa. Você fabrica!

Vou explicar como isso acontece. As vacas são capazes de produzir até vinte litros de leite repletos de cálcio por dia. Quanto queijo a vaca come? Quanto leite ela bebe? Zero. Bebeu quando era bezerro. Mas bezerro você não ordenha. A vaca bebe leite por seis meses. Depois, durante quinze anos, produz, produz e produz. A partir de quê? De capim e ração de cereais, que quase não têm nenhum cálcio. A vaca, como nós, fabrica o que precisa. Ela fusiona núcleos de magnésio das verduras com oxigênio, construindo cálcio (24 Mg {magnésio} + 16 O {oxigênio} = 40 Ca {cálcio}).

Pesquisas científicas acrescentam que o cálcio produzido no corpo humano é levado aos ossos pelos hormônios, principalmente os hormônios sexuais. Vamos torcer para que as pessoas idosas mantenham uma vida carinhosa, amorosa, que dê vontade de reforçar os ossos e viver muito. Se não houver mais vida sexual, realizar projetos importantes resolve também. O importante é ter tesão pela vida.

O PREÇO DO LEITE

Quanto ao cálcio do leite, ele é incompatível com o corpo humano. Ninguém faz transfusão de sangue de vaca. O cálcio inutilizável só vai gerar cálculos biliares e renais, pois fica todo nos filtros. Nem um pingo vai para os ossos. E a proteína do queijo provoca obstrução das artérias, forma nódulos nos seios (exatamente onde a mulher tem o próprio leite) ou cistos nos ovários.

Não é preciso que você seja radical e extremista. O corpo consegue limpar um derivado do leite esporadicamente. Mas com seu consumo constante temos formado uma sociedade vertical do tipo animal, com o touro chefe no comando (o presidente, o chefe, o marido).

O rebanho bovino possui uma ordem hierárquica. A sociedade humana deveria ser fraterna, com as pessoas dando apoio umas às outras. Por isso parar com o queijo é tão subversivo: seu comportamento muda, você pára de ser vaca de presépio e começa a fazer sua vida sem depender de ninguém. Em resumo, você se libera desse emocional abalado de bezerro berrando quando separado da mãe.

A CIVILIZAÇÃO INTEGRAL

Comendo grãos, arroz integral, trigo, macarrão, desenvolvemos uma psique coletiva de liberdade e solidariedade. Eliminar a pecuária e ficar com a agricultura faz parte dos caminhos da próxima civilização.

Você já reparou que este país é só povoado por bois? Acabamos com toda a floresta só para eles. Que tal seria colocar gente no lugar? Que tal fazer novas cidades para as pessoas nessa imensidão do Brasil vazio?

Tenha muito
gás — e não gases

O veículo para a viagem interior é seu corpo, são suas emoções, são suas várias camadas vibratórias.

Se elas estão harmonizadas e limpas, você vai poder entrar em alta sintonia com as freqüências do Universo, aquelas que vêm de longe e trazem a grande lógica do Cosmo até você como mensagem.

Mas se o seu corpo é vítima de fermentações — com toda uma população de bactérias, parasitas e microrganismos na barriga — você não entra tão facilmente em sintonia com idéias elevadas, de alta procedência, você não alcança grandes intuições. O corpo é como uma antena: sujo, ele não capta nada. Por isso, quero lhe indicar como evitar os gases. Impedindo as fermentações bacterianas, seu campo vibracional será 100% humano — ou seja, próximo do divino.

Para produzir gases, você tem de criar um meio interno favorável à proliferação de bactérias. Elas encontraram, em seu corpo, alimentos certos para elas — e errados para você. Elas se reproduzem em altíssima velocidade, duplicando-se a cada meia hora. O gás surge, na verdade, como subproduto dessa multiplicação, sendo geralmente o metano (CH_4, o mesmo dos biodigestores). Mas existem também alguns gases sulfurosos (H_2S), que emprestam seu cheiro bem particular aos gases intestinais.

..... CAMPO DE BATALHA .....

As fermentações no intestino são de vários tipos e as bactérias são inimigas entre si. Milhões de bactérias passam a enfrentar outras tantas. É uma verdadeira luta. O ambiente de guerra, com esses milhões de combatentes, passa também para seu sangue e daí alcança o cérebro, causando dor de cabeça e aumentando as chances de derrame cerebral.

É no cérebro, também, que nasce o pensamento, a lucidez. Pessoas que têm aquelas terríveis fermentações intestinais tendem a gostar de filmes de grandes batalhas e de muito terror. E também da música de Beethoven, que tinha como prato preferido um tipo de carne que é marinada durante três ou quatro dias em vinho, no qual acaba semi-apodrecida.

Beethoven adorava a intensidade que esse prato dava a seu trabalho. Com ele, podia compor sinfonias com alta carga dramática. Lembre-se da Quinta Sinfonia (pó-po-po-pôm...). Ela começa com um peido magistral (ó, blasfêmia, ó mau gosto... Desculpe!) Mas quando escreveu suas sonatas, que são bem mais pacíficas, estava morando no campo e contava com uma alimentação muito mais natural, além de estar vivendo um período mais feliz.

Acredito que nosso mundo hoje já é suficientemente dramático. É importante, então, buscarmos desafios mais interiores. Queremos atingir, como pessoas, níveis de realização maior. Crescer é nossa luta — e não a briga entre etnias, tribos ou grupos.

Cada um de nós, transformando-se, faz crescer a comunidade.

ALGUNS ERROS COMUNS — E COMO EVITÁ-LOS

- *Evite ingerir doce junto com a refeição:* qualquer pingo de sobremesa, açúcar, chá com açúcar ou mel é catastrófico. A sobremesa impede a atividade de digestão. Não lhe peço para simplesmente acreditar em mim. Faça a experiência... O que acontece: logo que o corpo detecta a chegada da glicose, ele fecha o processo digestivo, como se este já houvesse sido concluído (quando na verdade mal começou...). O alimento que não é digerido vai necessariamente apodrecer (experimente deixar uma panela de comida no sol, a uns 37ºC, e verá como o conteúdo logo estará estragado). Então, após a ingestão do doce, a refeição não é mais atendida pela ação dos sucos gástricos. Assim as bactérias têm território livre para agir — e mais ainda com carne, queijo e derivados.

- *Outra fonte certa de gases é o hábito de ingerir muito líquido com as refeições.* A secreção gástrica fica diluída, rala, enfraquecida e não funciona de forma eficaz. O líquido certo para refeições é um só: a água na boca, reação natural à comida bonita, saborosa, fruto de uma gastronomia de saúde, que une apresentação belíssima a sabores variados (todos que esse mundo maravilhoso nos oferece).
- *Converse à vontade antes e depois, mas não durante a refeição.* O melhor é comer com calma, mastigando em paz. Do contrário, você vai engolir brutalmente pedaços inteiros, sem mastigar, só para responder a perguntas sem maior importância. A secreção gástrica não poderá alcançar o centro do pedacinho de comida em seu aparelho digestivo. E esse pedacinho então servirá de hospedagem para bactérias, que farão um verdadeiro banquete, fabricando grande volume de gases ao se reproduzir. A falta de mastigação é realmente um sério problema. Você precisa produzir uma papinha em sua boca. Esse é o leite

para adultos: nós o fabricamos mastigando grãos, cereais cozidos e legumes. A cozinha produz pedaços para caberem na boca. E esta os transforma em papa fina para ser trabalhada no estômago.

- *Outra mistura infernal, que vai dificultar a digestão e favorecer a putrefação, é a que reúne frutas e alimentos alcalinos (como pães, biscoitos, bolachas, cereais ou grãos).* A fruta sempre possui certo grau de acidez e requer uma secreção alcalina do estômago. Já o alimento alcalino precisa de uma secreção ácida. Como o estômago poderia produzir ao mesmo tempo uma secreção ácida e uma alcalina? É o mesmo que você pedir água quente bem gelada, ou água gelada fervendo. Vão lhe dar, na melhor das hipóteses, água morna — que não resolve nem um caso, nem o outro. A fruta é um alimento saudável, mas se for ingerido entre as refeições, pela manhã ou à tarde. E é bom evitar a mistura de frutas ácidas (cítricos, abacaxi, kiwi) com as doces (maçã, banana, mamão).

- *Comer pouco tempo antes de dormir é outra fonte certa de putrefação.* Este é um hábito de bebê. À noite você dorme, logo, não é possível digerir. Quando você está dormindo, certamente, não consegue fazer cálculos matemáticos. Da mesma forma, também não tem como fazer uma boa digestão. Se você come antes de deitar, mesmo que seja pouca coisa — um biscoito, uma fruta — seu sono não vai ser profundo e sua digestão será adiada até de manhã. Em seu tubo digestivo tudo ficará azedo — e seu sangue, ácido.

Desse jeito, você não terá a qualidade orgânica necessária para vibrar e entrar em harmonia com o universo. A viagem de consciência começa no manejo do corpo. Antes de dormir, por pelo menos uma hora e meia, não coma nem beba coisa alguma. Um simples copo de água entrará em processamento, sendo dividido entre milhões de células de seu corpo, por osmose. Isso vai manter o corpo semi-acordado, e impedirá também uma outra digestão: a psíquica.

Quando você dorme profundamente, digere sua realidade emocional e psíquica do dia. Você precisa adentrar numa faixa de sonhos de qualidade e sonhar, para que assim seu espírito entre em paz e processe o que anda acontecendo em seu cotidiano. É como uma digestão espiritual.

- *Últimas recomendações: evite os alimentos que apodrecem até quando deixados sozinhos, como carne, queijo e ovos* (evidentemente você pode incorrer em algumas exceções esporádicas). Mas observe que o arroz integral e os legumes ficam bons por muito mais tempo. São eles que nos dão uma energia mais limpa. Além disso, lembre-se de que vários tipos de alimentos consumidos em uma única refeição darão muito mais trabalho para o estômago. Então, escolha refeições simples.

Lidando com cálculos e colunas

O senhor M. se queixa de cálculos renais, que aparecem nos exames de raios X.

A primeira coisa que me interessa, numa situação destas, é explicar a esse senhor como ele fabrica seus cálculos. Assim, quando tiver eliminado os que hoje desenvolveu, não começará todo o processo de novo.

Cada pessoa produz um cálculo de composição diferente. Afinal, ninguém come exatamente as mesmas coisas, nem vive exatamente da mesma forma que outra pessoa. Até agora, não tenho conseguido treinar ninguém a fabricar pérolas ou diamantes nos rins, infelizmente. Um cálculo é uma bola feia, cinzenta, ou tem forma de grãos roxos. Às vezes os cristais têm pontas agudas, que arranham o ureter ao passar. A análise revela, então, sangue na urina.

Em geral, os cálculos renais são compostos principalmente de oxalato de cálcio. Mas examinemos a lista dos ingredientes do bolo-cálculo, para melhor compreender onde erramos.

Comecemos pelo cálcio. O rim funciona como uma peneira do sangue, assim como o filtro de uma piscina. Ele retira de circulação tudo que está errado, que representa perigo para o corpo. Como então se chega a ter tanto cálcio no sangue, ameaçando calcificar as artérias já cheias de gordura e endurecendo as articulações? Esse é o "bom cálcio", que as megaleiterias multinacionais nos vendem. O pior é que a medicina costuma reforçar essa recomendação, às vezes com uma inocente desinformação.

Mas o cálcio da vaca não é o mesmo cálcio do ser humano. Esse cálcio chegou ao nosso sangue por meio do queijo, do leite, do iogurte e dos derivados. O corpo rejeita o invasor e o rim tenta retirá-lo de circulação. Então ele se cristaliza nos rins saturados, como concreto e cal.

E o oxalato, de onde vem?

Adivinhe. Da alimentação, de novo. Há três legumes carregados de ácido oxálico: tomate, batata inglesa e berinjela. Os três são solanáceas, como a beladona e o fumo. Ou seja, todos possuem um veneno forte. Na batata, esse ácido oxálico está concentrado perigosamente nos brotos e na pele. Recrutas dos exércitos do mundo inteiro passam horas descascando batatas. Se não fosse imprescindível, não o fariam.

Já o sal, quando em grande concentração no sangue, faz precipitar o cálcio em suspensão. Fica como se fosse o depósito acumulado no fundo de uma garrafa. Eta queijinho bom e bem salgado! Ele lhe dá energia para trabalhar como um bom escravo incansável, sem nunca desobedecer...

Agora a pergunta fundamental: como desmontar o cálculo? Parte dele é gordura, como o cimento entre os tijolos. Então uma dieta com quase nada de carne, sem queijo e derivados vai ser muito importante para desmanchar esse cimento. Arroz integral e muito legume cozido vão ajudar na faxina. Ervas medicinais, como o quebra-pedras, também auxiliam, e o *shiatsu* pode ser útil no processo. Além disso, o nabo ralado consumido com a comida atua como diluente — um solvente agindo sobre os depósitos gordurosos. E aí, de repente, o cálculo se fragmentou!

Uma vez reduzido em fragmentos, ele pode ser eliminado aos pedacinhos, que vão conseguir passar até a bexiga. E de lá para fora, rumo ao vaso sanitário. Se você quiser, pode até recolher as pedrinhas para fazer um anel! Além do que, pode confirmar a eliminação pelo exame de raios X.

Uma paciente me perguntava: "É verdade que a postura errada afeta a coluna, causando a dor?"

Se sua coluna estivesse em boas condições, com discos flexíveis saudáveis, com vértebras inteiras, você poderia ficar numa posição torta por horas, sem sentir nada. O inimigo número um da coluna é o café, embora existam outros agravantes (postura emocional acanhada). A "inteligência cósmica" do arbusto de café inventou uma substância que dissolve os insetos atrevidos que atacam as sementes. E o ser humano, ao engolir o caldo dessas sementes torradas, sem perceber, termina enviando uma ordem química para que seja dissolvido aquilo que temos de mais parecido com a matéria que compõe os insetos: discos intervertebrais e cartilagens das articulações.

Vale lembrar ainda que o açúcar é também um ladrão dos minerais de ossos, dentes e unhas. Aliás, café com açúcar é uma delícia! E se pingarmos um leitinho, aí é que é o máximo...

Quando será que vamos nos livrar dos vícios que nos ajudam a suportar uma vida de escravo?

Barriga tipo carrinho de supermercado

Vejamos qual presentinho-doença você ganhou da vida. Ela quer ver se você junta coragem para mudar algo. Vejamos de que forma ao cuidar do corpo o erro vai deformar sua psique, sua visão do mundo. E vejamos, também, como parar de sabotar esse pobre corpo-alma. A comunidade agradece a você por ficar melhor; as pessoas próximas a você, também.

Obesidade. Uma dificuldade freqüentemente mencionada. Somos gordos (eu não!). Na população dos Estados Unidos, isso é pior ainda. Até pobre é gordo. Não por comer demais, mas por comer errado. Tudo tem sua causa. Se uma caneta cai, é porque acabei de soltá-la. Quais serão, então, as causas que nos fazem engordar? Visualize, por favor, uma bela vaca. Você a usou de mãe, obedecendo ao modelo.

Você mamou dela muito mais do que de sua mãe. Você mama até hoje. De um leite ressecado, encrostado: o queijo. Imagine agora um disquete de computador: o leite é isso, um *software*. Bem mais aperfeiçoado que nossos velhos disquetes magnéticos. É um *software* líquido, que codifica o que o bezerrinho tem de fazer: engordar. Um bichinho pequenino, de apenas 50 cm, em um ano e meio irá pesar nada menos que 800 quilos, alcançando 2,5 m de comprimento — e com que quadril! Nem lhe falo do tamanho do peito.

..... O CÓDIGO ALTERADO .....

Enfiamos diariamente, portanto, o programa animal em nosso corpo, que antes era 100% humano. As crianças não gostam de leite. As mães iludidas são as insistentes vendedoras-traficantes do líquido animal para as crianças enjoadas. Estas, uma vez viciadas em leite e queijo, não param mais. O leite é sangue animal — sem a hemoglobina vermelha, já que o filhote respira sozinho, e com um pouco de gordura que o torna branco-amarelo.

Você com certeza conhece alguma magrelinha que aos 12 anos inflou e não desincha mais. É que na alteração hormonal da puberdade a mensagem do código bovino passou à frente, e continua dali por diante pirateando o projeto humano. "Mas é tão gostoso o queijo". Eu sei, já fui francês por mais de trinta anos.

E por que gostamos de queijo, de pão de queijo, de pizza? Porque dá uma energia enorme para fazer todas as palhaçadas de escravo que a sociedade pós-industrial exige: abrir e fechar portas, carregar coisas, entrar na guerra do trânsito, lutar no trabalho chato e no casamento, ligar para fulano, executar montes de coisas semi-idiotas. Com queijo você esquece sua soberania de ser humano divino e trabalha feito escravo. É tudo que a sociedade quer de você.

O BOI GORDO

Algumas pessoas até assimilam trechos de genética bovina adicional. A maioria do rebanho brasileiro é de vacas holandesas: preto e branco. No ser humano, isso se chama vitiligo. As pequenas manchinhas brancas na pele podem ser o começo. A ciência confirma a presença, nessas manchas, de um bloqueador de melanina, mas não sabe dizer de onde vem. A medicina oriental sabe: genética bovina.

E por que o latifundiário gosta de boi gordo? Porque dá o maior lucro e o menor trabalho. Já pensou se fosse preciso cultivar arroz integral? Para alimentar um carnívoro ou "queijívoro", você ocupa "x" hectares de terreno. Na mesma superfície, alimentando pessoas com cereais, legumes e hortaliças, você daria vida a 25 pessoas, em vez de uma. Mas o país ainda está vazio, invadido por bois. Eles são a principal razão para a devastação das florestas.

Se você tem muita barriga, há uma causa adicional: seu intestino delgado mede nove metros. Imagine na sua frente uma linha reta de nove metros (é exatamente isso, embrulhado, que você tem debaixo deste livro). Agora imagine esse tubo dilatado ao dobro de seu tamanho normal. Olha o volume que dá! E encharcado de líquidos (cerveja, sucos — e até água — criam-se pântanos; seu pantanal invade toda a distância oral-anal).

..... VIRA FILME DE TERROR ....

Sujo de gorduras como uma panela que ninguém limpa nunca, assim está o intestino. O corpo vira um saco de lixo. Imagine um saco de lixo azul, repleto de imundícies. Um saco que você limpa e lava bem todo dia — mas só por fora, tomando banho. Ele brilha e reluz, externamente cheiroso. Mas, e o gás intestinal debaixo das cobertas? Sua namorada ou seu marido gostam? O açúcar que você deu às bactérias superalimentadas resultou nesse bacanal. Se reproduzindo por milhões, elas liberam o CH_4, gás de pântano. E o intestino é onde você fabrica o sangue que vai para o cérebro. Já pensou na influência sobre sua psique? Uma visão do mundo como uma luta de exércitos... de bactérias.

Comece então a ingerir arroz integral, legumes cozidos, e algumas frutas. Se você se cuidar bem, o vídeo de sua vida inteira será classificado como "comédia", com direito a final feliz. Se desrespeitar a vida, como "drama". E há quem consiga a classificação de seu cotidiano de "filme de terror".

Portanto, se você decidir respeitar a ordem do universo, nem precisa chamá-lo de Deus. Porque não se trata de um fulano a mais, de uma pessoa. Mas, sim, de um *software*. É o *software* geral do universo, de todos os universos.

O Sol e o risco das enchentes internas

Era maio de 1968, em Paris. Desci à rua para descobrir qual a razão daquele enorme barulho, daquele rumor de milhares de vozes. Era uma manifestação gigantesca, que enchia todo o bulevar. Fiquei ali olhando, muito interessado, e lá vem um policial correndo em minha direção. Ele viu minha cara de estudante e bum! — deu um forte golpe de cassetete na minha cabeça. Foi maravilhoso. Uma transformação instantânea. Uma tomada de consciência mágica. Um convite para a libertação...

No dia seguinte, eu já estava fazendo cartazes em serigrafia com os outros estudantes, na faculdade de arquitetura onde eu estudava, e que havíamos ocupado. Foi como um toque de varinha mágica, por uma fada de coturnos, farda e cassetete. Era tempo de mudança. Vivi êxtases coletivos. Pois bem: aquele era um período em que as explosões solares estavam no auge, como ocorre a cada onze anos. E como acontecerá nos anos 2011, 2022, 2033, 2044. Nessas épocas, fique alerta: a atmosfera estará carregada de energia eletromagnética. Mantenha então o equilíbrio de sua alimentação e acolha as novas propostas de vida.

..... LARGUE O GARRAFÃO .....

Quando a seca está começando, como evitar tosse, gripe, pneumonia? Pare de armazenar muco. Afaste o queijo e tudo que vem da vaca. Reduza açúcar e farinha branca; ou seja, pare de fazer cola. Os médicos e as distribuidoras de água mineral vão lhe dizer: "Tome muito líquido!". E a sociedade inteira vai repetir isso, porque repete qualquer coisa, tal como aprendeu a fazer na escola.

Claro, se você come carne, queijo, ovo, sal, em grande quantidade é melhor beber água. Mas é só uma meia boa idéia. Boa idéia completa é mudar de alimentação, reduzindo queijos e carnes, e usando arroz integral, macarrão, trigo, milho, painço, feijão, lentilha, ervilha. E ainda muitos legumes cozidos, para ganhar os minerais. Com eles você revigora os neurônios da inteligência e da saúde. Nesse caso, pode beber bem pouco líquido, só o que a sede exige realmente. Seus hormônios ficarão mais concentrados, suas secreções gástricas serão boas, eficientes (adeus gases...). Seu corpo ficará mais leve — serão vinte litros de água a menos. Largue esse garrafão, que você carrega consigo por todo lugar.

A SABEDORIA DO DESERTO

O deserto do Saara tem uma seca parecida com a de Brasília, só que o ano todo. Lá conheci os tuaregues, homens e mulheres lindos, saudáveis. Vivem nos oásis do deserto, cobertos de lã, preferindo os 37ºC do corpo aos 50ºC do deserto... e não bebem. Só à noite, um chazinho bem quente. Enquanto isso, o turista anda por lá com garrafa de água mineral na mão, bebe no gargalo a cada dez passos, transpira, cansa e tem disenteria. Óbvio: se você se transforma em pântano, reúne as condições para apodrecer. Se sua mão fica molhada, se o seu suor escorre, é porque você está com excesso de líquido. Seu corpo sabe exatamente disso. Ele joga fora o excedente.

Quando você bebe muito, também urina muito. E lá se vão todos os seus minerais. Vão fazer falta aos ossos. Quando cheguei a Brasília, não entendia a queixa pela seca. Não sentia nada. Eu dizia: "O que é que você sente? Descreva-me! Eu não sinto nenhum incômodo".

UMA QUESTÃO DE PELE

O que faz a diferença é a pele. Quando você come quilos de queijo, seus poros tentam jogar um pouco do excesso para fora. A pele fica gordurosa, os poros dilatados, e por essa peneira aberta você se evapora todo. Já reparou como as plantas do cerrado têm folhas brilhantes, parecendo envernizadas, bem impermeáveis? Enquanto isso, você tira todo dia a camada protetora da pele com sabonete. O sabão é soda cáustica misturada com gordura de cadáver de boi. Nada mais sujo que o sabão. Belo resultado: não resta mais proteção contra bactérias e sua água evapora todinha. Claro, aí é melhor se encharcar de novo. Mas esse joguinho dá um cansaço para o corpo! Não é a água que limpa o rim, é o rim que limpa os líquidos. Não é a roupa que lava a máquina, é a máquina que lava a roupa. O rim esgotado torna a pessoa medrosa, ansiosa.

Dê uma folga para seus rins. Jogue muita água no corpo, tome vários banhos como os índios e use sabonete só nas axilas e nos orgãos sexuais, um xampu para o cabelo e chega. Tudo isso, é claro, se estiver com uma alimentação natural. Senão, o queijo fedido brota pela pele. Aí vai precisar de detergente por fora e da enchente por dentro. O muco produzido vai entupir seu nariz. Você perderá a "inspiração". Quer uma boa dica para abrir o nariz entupido? Fazer amor gostoso, demorado, até um calor iluminar todo seu corpo. Suas narinas se dilatam, seu nariz desentope! Até sua alma respira melhor.

E haja estômago!

Tudo serviu. O que você fez no passado, o que você está fazendo agora e o que vai fazer depois. Talvez você se dê conta de que todas essas diferentes fases são um único grande instante, um presente só. Um presente eterno. Foi-lhe dado de presente.

Os acontecimentos da vida são comparáveis a presentes, como aqueles ao pé da árvore de Natal. O pinheiro brilhante enfeitado representa a iluminação, sua medula piscando de prazer sagrado. Só que os pacotes de presentes que a vida nos dá muitas vezes vêm com papel de embrulho feio, sujo, malfeito, de jornal (o cotidiano).

Mas lá dentro há presentes maravilhosos: se soubermos viver a dor, a doença, a dificuldade até o fim, até resolvermos com beleza, mudando a vida para melhor, então o processo foi vivido por completo. Nós tivemos acesso ao ensinamento, crescemos. E não é só de dores físicas e de dificuldades materiais que estamos falando. Espiritualmente também, sinto que temos capacidade de superar qualquer dificuldade se estivermos em boa forma emocional.

O PRIMEIRO DEGRAU

Claro que auto-sabotados, acanhados, enfraquecidos, nos vemos arrasados por pequenos obstáculos. Solução: nutrir a alma com uma experiência emocional linda, namorar, viver o prazer, se abrir à intimidade com o outro. E tenha um guru, um mestre vivo.

O corpo é o primeiro degrau. Se nos portamos bem, superamos qualquer bactéria. O bicho vai acabar sendo dominado. O micróbio acaba adoecendo e nos curamos. Se você usa um antibiótico, vai depender dele para sempre. Bem melhor é fortalecer sua faculdade de vencer.

Se você coloca açúcar, queijos, carnes, dentro do corpo, se não o abastece com grãos e vegetais, você está muito mal. É a pré-morte. Pode até ficar preso num hospital. Quem perde a saúde, perde a liberdade. Já a morte verdadeira é um nascimento saudável. Precisamos dela só lá bem longe, depois de muito crescer e amar. Importa morrer em boa saúde para ter um "parto" tranqüilo de entrada na próxima fase da vida.

Entre tantas dores e tristes humores

Ela chega se queixando das costas. A paciente enumera: dor na coluna, nos joelhos, nos cotovelos, nas articulações. Já cansou de tomar Voltaren, e percebe que a dor pára quando toma analgésicos e antiinflamatórios. Mas volta depois. Então ela sente que isso não é uma solução. Veio a mim buscando massagem, o alívio de alguém que a toque com as mãos, mas de brinde vai aprender a cuidar do seu corpo e parar de fabricar a dor.

Primeira coisa: ela toma café freqüentemente. Vendo meu olhar espantado, irônico, ela atenua: "Mas eu tomo com leite". Se deu mal: que diferença vai fazer misturar o veneno preto com caldo hormonal bovino? A gordura do leite, diluída pelo café, vai entrar ainda mais fundo nos vasos sangüíneos finos. Por exemplo no cérebro, entupindo os capilares que mantêm vivos os neurônios. Privados de sangue, eles necrosam e mandam o sinal de alarme: dor de cabeça, enxaqueca.

A planta do café, como já vimos, mas não custa repetir, criou um veneno para dissolver os insetos, caso comessem as sementes. No corpo humano, o café dissolve o mais parecido com a matéria dos insetos: as cartilagens, os discos entre as vértebras. A vértebra abaixa e "pisa" o nervo. O disco amolecido é como pneu furado. Fica literalmente com "cáries". O corpo avisa imediatamente e pede para tomar providência (e não para camuflar a dor, o que seria uma verdadeira desonestidade de político).

VÉRTEBRAS ENFRAQUECIDAS

Mas além de "injetar" café nas suas veias, essa senhora come carne e queijo todo santo dia. Tanto alimento alcalino exige que o corpo reaja com forte ácido gástrico. Tudo vai junto pelo ralo no intestino delgado, entra no sangue e daí viaja para todas as parte do corpo — incluindo as articulações. Já pensou o que vai acontecer? A cartilagem amolecida é derretida pelo ácido. Já experimentou deixar de molho no vinagre (ácido) peixinhos fritos? Eles ficam moles. Aliás, essa senhora faz isso; os filhos não gostam das espinhas do peixe, de modo que ela o deixa impregnado de vinagre, que acrescenta mais um ácido, fórmula eficaz para a autodestruição.

Ela se queixa também de que engordou muito. Claro: ingere o programa hormonal bovino (o queijo). O corpo, mesmo de humano, obedece a uma tal ordem química de engordar. Uma pessoa que coma grãos, vegetais, frutas e, raras vezes, um pedaço de carne, verifica que as dores desaparecem quando se pára de errar. O dano na coluna é localizado freqüentemente na região lombar. Por quê? Com o consumo de carne e queijo, o corpo humano regride a uma aparência bovina: costas fortes, encouraçadas, de um bloco só. Entre o bloco monolítico das costas e o bloco do quadril, a torsão é toda por conta das lombares já enfraquecidas (L3-L4, L4-L5, L5-sacro), em vez de a rotação se dividir harmoniosamente em todas as vértebras de cima para baixo.

A NATUREZA HUMANA

Nossa amiga fabrica sangue ruim também com a vida: o marido faleceu e deixou dívidas. Não é algo que você resolve com alimentação, mas a preocupação produz ácido no estômago, que vai sendo corroído. Melhorando o bem-estar do corpo, ela vai ter algumas idéias de soluções, nas quais nunca tinha pensado. Talvez encontre uma saída. Primeiro, é preciso corrigir a alimentação, ter contato com sol, ar, vento, água, ver muita natureza, parques, jardins e fazer caminhadas no mato para lembrar o lado bom da vida. Daí, surgem soluções.

A natureza inclui a natureza humana. Nossa amiga viúva tem um namorado, graças a Deus. Namorando ela reorganiza seu esquema de compreensão do mundo: tem coisas boas, tem o amor, os projetos compartilhados. O outro nos treina a doar e também a receber. Você aprende a aceitar ajuda, apoio, qualificação, e descobre que, por trás desse outro, a vida inteira está lá cuidando de você, lhe oferecendo mil oportunidades (que você não vê).

DETONANDO CADEADOS

Tudo que acontece na vida, de uma certa maneira, nós decidimos, nós permitimos. Eu posso tomar consciência do que está me manipulando — mandatos parentais de "não pode", "não deve", "não se faz". Depois de tomar consciência dessas grades, você detona um a um os cadeados de sua antiga forma de ser e torna-se livre para fazer outra coisa.

O mundo aí na sua frente acontece movido por uma grande lógica. Nossa vida é um teatro flutuante entre possibilidades múltiplas. Escolher é uma boa idéia. Escolher certo depende de quanto se compreende da ordem do universo. Você é um emissor-receptor. Pode ser que o emissor esteja com volume altíssimo: você faz e faz, fala e fala. Enquanto isso, a outra parte, o receptor, está baixinho: você não está ouvindo as mensagens da vida, nem escuta a voz da própria intuição genial? Esqueceu de pesquisar, estudar, ler, experimentar? Também está fechado a receber dicas de guias invisíveis, preciosos, que lhe rodeiam amorosamente? Por isso, o verdadeiro fazer talvez não seja agitar tanto os braços, as pernas, a boca e o intelecto. Um outro fazer acontece se fico quieto, imóvel, silencioso, compreendendo.

O CONTATO INTUITIVO

Linda é a segunda etapa: conectado com seu centro, sua intuição, você começa a agir de novo. Você mantém, dentro do fazer e do falar, a consciência silenciosa, o contato permanente e intuitivo com seu "eu" superior. Você atua em contato permanente com o divino, você tem o humor, a risada dos deuses olhando as desventuras cômicas. Você faz contato com sua natureza imortal. Você é imortal (e sempre foi).

Nossa paciente, tendo vivido de forma correta sua doença, chegou até a lição, ao aprendizado. Corrigiu sua vida e o lucro é muito grande. A mensagem da dor percorreu todas as etapas da empresa dos correios da vida: o recado chegou a seu destino. A paciente evoluiu, é outra pessoa. Com um pouquinho de sorte, vai até compartilhar o que descobriu com outras pessoas: pode se formar terapeuta, dar aulas, orientar pessoas de uma forma ou de outra. Mas só se quiser, se isso lhe der prazer, se gostar de gente.

Pare o mundo que eu quero descer

Certo dia um mestre oriental leu para o auditório uma pergunta de um de seus discípulos, escrita em uma tirinha de papel: "Mestre, minha vida é uma besteira, não tem sentido. O que eu faço não tem valor algum, o que sou é insignificante. Decidi me matar. O que o senhor acha?".

Após um período de silêncio, levantando os olhos para o auditório, o mestre disse: "Cláudio, que ótimo! Bela idéia! (murmúrios de surpresa na platéia). Acabe mesmo com essa vida idiota, ela não vale a pena... Agora, um detalhe, não vá machucar esse corpo maravilhoso que você ganhou. O que você pode trucidar sem dó é essa vida chata e tediosa. Você pode começar do zero, numa outra direção".

Você também pode mudar tudo — ou mudar algo.

Os dois componentes principais do desejo de suicídio são a violência e a auto-imagem negativa.

A violência é o resultado direto do grande consumo de carne, repleta de adrenalina do animal que pressente o abate. A carne é a alimentação natural do cão feroz, da onça. Com muita carne, a gente é dominado pelo desejo de violência.

Quanto à auto-estima reduzida, ela vem acompanhada dos anestésicos habituais: açúcar, doces, álcool ou drogas *yin*, como maconha. Se a pessoa se alimenta apenas desses dois extremos — carne e açúcar ou álcool — surgirá o desejo de matar (*yang*, carne), que se volta contra si mesmo, contra a sensação de não valer nada (*yin*, doces, álcool).

À FLOR DA PELE

Pacientes me perguntam sobre espinhas, cravos, descamação, verrugas. A pele é o terceiro órgão de excreção de nosso corpo. Quando fezes e urina não dão mais conta de tanto lixo, o organismo leva as toxinas até as áreas de correspondência dos órgãos internos existentes na pele.

No rosto, as bochechas descarregam pus dos pulmões (acne, espinhas). É melhor reduzir açúcar, doces, leite, farinha branca! Na ponta do nariz, uma espinha revela sofrimento do coração — capilares entupidos, por exemplo. A testa com perebas e bolotas descarrega o intestino.

Em meu curso de diagnóstico, aprendemos muito mais sobre todo esse quadro. Mas é importante saber que adotando uma comida limpa — com cereais, legumes, verduras e frutas, eu não canso de repetir — a excreção volta a funcionar pelas vias normais.

COM A CABEÇA NAS NUVENS

E memória fraca, começando a esquecer as coisas? Ora, suas células nervosas funcionam à base de oxigênio. Este vem pelo sangue. Ele faz a conversão do sódio em potássio e vice-versa — é o que chamamos de influxo nervoso.

Um cérebro sem sangue por cinco minutos pode levar a danos irreparáveis: à paralisia total, por exemplo (este é o caso do tetraplégico). Bom, mas com um pouco menos de oxigênio do que o normal, o que acontece? Certas células nervosas não dão a partida, ficam com bateria a zero. E assim elas seguram e trancam a mensagem, não repassam informação para a frente... E daí você esqueceu as chaves, o nome do rapaz, o que estava dizendo.

O que eu estava dizendo, então? Que o sangue chega em menor quantidade quando os capilares estão um pouco entupidos com proteínas (carne, queijo, ovos) e colesterol. Mas há outra fonte de gorduras pegajosas: o estresse de uma vida mal-organizada. Seu corpo, assustado, fabrica gorduras de reserva e ela entope tudo. O açúcar transformado em gordura entrelaça-se com sua hemoglobina (vermelha), impedindo o transporte de oxigênio.

..... PODER VERDE .....

Para limpar a área, coma mais clorofila, pois ela se transforma em hemoglobina nova — é quase a mesma molécula. Lembre-se então: brócolis, repolho, espinafre, folhas de couve-flor, alho-poró, qualquer verde cozido. Esse verde cozido alimenta o vermelho do seu sangue.

Quando mudei para uma alimentação humana, experimentei uma nova qualidade de memória. E sob dois aspectos: quando queria lembrar um episódio qualquer, ele vinha com riqueza de detalhes (vieram à tona até lembranças de infância, de quando eu era bebê). Por outro lado, quando estava aprendendo algo novo, podia contar com toda a memória bem disponível, milhões de *gigabytes* prontos para gravar.

Se limparmos ainda mais os vasos sanguíneos com boa alimentação, com emoções lindas de vivências intensas, com dificuldades creditadas ao crescimento, talvez consigamos lembrar até de vidas passadas. Talvez consigamos lembrar o que é que estamos fazendo aqui na Terra. E de como voltar ao tema principal de uma vida.

Por uma vida menos ordinária

Parece que a lenta e parcial iluminação do grupo humano revela muita sombra. Tenho a impressão de que a cultura atual quer expelir algo pesado (escuro, fedorento). Criar espaço para algo novo. Aparece a idéia de que a vida poderia ser completamente diferente.

Para ir mais longe do que o atual máximo de possibilidades (que são poucas), você vai precisar de 21% de oxigênio e 79% de nitrogênio como ar. Vai precisar de alimentação correta. Fácil. E, ainda, de dois braços que lhe acolham com um corpo ardendo de tesão, para ter orgasmos, que são *trailers* da iluminação. Dá para conseguir, não é? Vai precisar de um trabalho que seja útil de verdade à comunidade. Porque a gente tende a ser como o empregado que não quer criar, só quer executar. Só com uma dança bem mais poderosa você vai realizar seu próprio destino.

Até conseguir as etapas de ar, alimento, amor e ação, a vida vai lhe dar armadilhas para treinar, se fortalecer. Quando você juntar os quatro requisitos, os quatro "as" do naipe — ar bom, alimento certo, amor intenso, ação linda — só aí tudo se inicia. A senha foi digitada corretamente. Uma energia de tamanho maior começa a passar por seu intermédio.

..... LARGANDO O MEDO .....

Eu achava que a gente estava a bordo deste asteróide para aprender. Pois é melhor ainda: estamos aqui para criar. A criação está em plena ação. Estamos no meio. O universo-Deus está se conhecendo por meio de nós, criando mais do que nunca. Pode largar o medo.

Pode também botar "pé na tábua" do seu destino. Tudo está avançando muito rápido ao seu redor — se você está dando o melhor de si, igualzinho há anos, já está perdendo o avião. Pegue o próximo, pelo menos. O mundo está avançando. Se você ficar, estará recuando.

Venho assistindo ao *Discovery Health*, canal de TV a cabo sobre saúde, que mostra reportagens sobre meditação e *tai chi chuan* ao lado das cirurgias clássicas. Um canal vizinho mostra os mundos espirituais e outro, os comportamentos animais em imagens deslumbrantes. Está acontecendo a abertura da consciência.

PERMITINDO ACONTECER

Afinemos o nosso instrumento-corpo com uma intensa felicidade, uma entrega à vida, e então uma energia maior estará nos guiando. Já não é mais o mental que nos envenena. O que pode tomar a iniciativa é o "inconsciente vital" (expressão de Rolando Toro, criador da biodança) ou pode chamar de "inteligência supramental" (termo cunhado por Amit Goswami, físico quântico indiano, autor de *O universo autoconsciente*).

O paradoxo é que não se trata de fazer algo mais. A dica é: permitir acontecer, parar de criar obstáculos (com o medo, com a hiperatividade). Cuidar do essencial.

Comece por agradecer às pessoas pelo que são, por terem construído um corpo assim, uma alma assim, pela coragem que têm, pela sabedoria intuitiva que têm, pela beleza divina de sua alma. Agradeça também aos acontecimentos, pelas oportunidades que lhe dão de crescer, de criar novas soluções.

Em outros momentos, fique parado, completamente fora do ar... e dentro do espírito. Nesse estado, se você fosse a um médico, ele lhe daria remédios fortes; se fosse escrever um livro, seria um sucesso de milhões de cópias.

MUDANDO A PROGRAMAÇÃO

Conectado com a fonte maior, você pode até mudar a programação das suas células. Antes desesperadas degenerando-se, agora elas retomam o código certo. O campo de energia que é você se intensifica e a cicatrização se produz até na alma. Ação e não-ação podem ter uma alternância ultra-rápida, um *continuum* de meditação–ação, vibrando: **ser–não-ser–ser–não-ser–ser** (*to be-not to be-to be-not to be-to be*).

A mesma pulsação faz passar o elétron de matéria para energia e, de volta, constantemente da onda à partícula, como um coração batendo. Podemos dizer também fazer–ser–fazer–ser–fazer–ser. Louis Kervran, físico indicado para o Prêmio Nobel de Física, descreve como um neutrino, partícula que vem do fundo do cosmo, pode fusionar com um elétron nosso. O resultado é uma idéia vinda do espaço. Esse elétron nosso, transformado, emite no mesmo instante outro neutrino, que vai bater no elétron-gêmeo de uma pessoa querida, ligada a nós, há centenas de quilômetros: transmissão de pensamento. Estamos todos ligados. Pegue o código de mais pessoas: toque, acaricie, dê carinho, afeto, abraço.

Com quem está o poder de decisão?

Como tomamos decisões?

Eu gosto de decidir com cem mil anos na cabeça: os que me precederam e os que estão à frente.

Sangue bom e neurônios irrigados vão criar associações de idéias: quando você está inspirado, uma idéia explode como um foguete, um fogo de artifício, em mil outras idéias lindas, que iluminam o momento acompanhadas do "aaahhh!" de prazer, de milhares de pessoas assistindo aos fogos de artifício.

O sangue é fundamental, pois irriga as células com boa qualidade de oxigênio. Você não pode entupir seus tubos com a gordura da alimentação e do estresse. O sangue deve chegar isento de manteiga, queijo, carne e rico de grãos e vegetais cozidos, matéria-prima da serotonina da felicidade.

Dedicar-se a ser feliz abre as sinapses (conexões dos neurônios), portas do espírito. Não há adrenalina, a cabeça está boa. Logo as idéias fluem bem e as decisões tomadas são adequadas. Elas nascem em meio a uma visão ampliada, rica, imaginativa da vida: são decisões sábias.

Quando uma tribo reúne o conselho de anciãos antes de tomar uma decisão, usa uma memória mais ampla, coletiva. Os índios botam seus circuitos cerebrais para pensar juntos e unem o coração para intuir. Isso é usar uma base de dados ampla, muita informação. O computador que venceu Gasparov no xadrez examinava milhões de estratégias possíveis por segundo.

..... OS MECANISMOS DO UNIVERSO .....

A gente decide com o imaginário, o bem-estar, a felicidade. A sexualidade também vai lhe impregnar de neurotransmissores do prazer, que abrem o caminho das sinapses. É um pré-caminho para a iluminação: o orgasmo é um treinamento, uma isca para passarmos para um estado de consciência superior, que nos é permitido vislumbrar.

Se você conectar sua mente com os grandes mecanismos do universo, com a bela lógica, vai decidir de forma correta, de acordo com esses mecanismos. Se os órgãos estão bem, você vai atuar com emoções boas. Se seu fígado é constantemente maltratado, porque você gosta de açúcar ou de sua forma líquida, o álcool, você vai agir com raiva. Tomará uma decisão que é uma reação àquela situação. E a reação é tão ruim como a situação.

Mas com uma visão ampla da situação você vê que o problema é localizado, que logo estará superado. Abrindo-se para um ponto de vista mais amplo, para uma informação maior, você será como um diretor que está consciente de tudo que acontece na empresa e fora dela; assim, pode tomar boas decisões. Já o operário isolado pode ter boas idéias, mas não tem a supervisão do conjunto. A decisão depende da base de dados que estamos usando — intelectual, emocional ou intuitiva.

CHAVES DO DESTINO

O rim, por exemplo, com menos líquidos a filtrar, bem cuidado pelo repouso, pela alimentação natural, pelo orgasmo freqüente e pela felicidade, vai livrá-lo dos medos: você passa a tomar decisões corajosas, sua vida se torna muito boa (você comprou na hora certa, depois seria tarde demais, você mudou, se organizou), fica tudo melhor.

O processo decisório é a chave do nosso destino: a vida é decidir, optar, escolher a toda hora. Quanto mais ampliada a consciência, melhores são nossas decisões. Um *yin* bom vai dar um *yang* certo. Um receptor bem aberto à realidade (com corpo que mexa e alma que se deleite) tem um emissor que escolhe bem.

Dependendo da decisão, podemos caminhar rumo à infelicidade e às provações ou ficarmos bem felizes. Cem mil anos antes de mim e cem mil anos depois: com esse leque vou me lembrar melhor do que é importante. Como diz Leloup, precisamos reorientar o desejo. O homem quer ter dinheiro, poder, *status*; a mulher quer ter filhos, boa casa, bom carro, roupa fina, bom colégio para os filhos. São metas de mamífero. Os animais têm os mesmos desejos. Podemos ir além. Além do "importante" e do "urgente", podemos nos lembrar do que é essencial: qual é o nosso "ser" verdadeiro.

..... UMA PROSPERIDADE MAIOR .....

Pietro Ubaldi descreve, em *A grande batalha*, dois tipos de pessoas: as que se dedicam à própria prosperidade e à de sua família, e aquelas que se sentem parte de um grupo maior, que atuam e pensam em favor da tribo. Os primeiros, semiprimitivos, acabam destruindo o meio ambiente, prejudicando o próximo sem dó. Poluem, fazem lucro na selva urbana. Os outros trabalham com uma base de dados maior, pensam nos outros, pensam em antes e como vão se sentir muito depois.

Estes atuam com o afeto, a inteligência afetiva (outra expressão de Rolando Toro). A prosperidade que buscam é a de todos. A ética, nesse caso, vem de dentro, não de uma fiscalização externa. Uma boa decisão é pensada primeiro, depois dita e finalmente realizada.

Convém que você sonhe – para você, para o mundo. Faz sentido depois expressar, escrever, falar, desenhar projetos, elaborar metas. Se você não realizar tudo, outros o farão. Imaginar é válido. Para a ação, escolha seu par, seus amigos, sua equipe. Forme um time bom. É importante sentir-se bem e escolher conscientemente a cada instante. É como plantar: dá resultados frutíferos. Escolha a sua saúde com pequenas decisões de agora. Não use só o mental para escolher. Use a plenitude de sua intuição. Use o afeto, a emoção frente à beleza de todas as coisas. Qualidade total não é só na empresa, é na sua vida. Existe uma possibilidade de ser mais você mesmo. A sociedade agradece – por meio de você ela se transforma...

Dê uma parada em meio ao tumulto e reoriente seu rumo. Faça as escolhas com o universo inteiro unido a você. Escute.

Comércio *versus* confiança

Uma amiga deixou a chave de seu apartamento com o porteiro para que nos hospedássemos chegando ao Rio. No dia seguinte, ela já tinha ido trabalhar quando acordamos. Deixamos tudo em ordem e a chave com o porteiro: confiança...

Faz tempo que venho buscando uma saída para o mundo do comércio (no qual cada um engana o outro). A saída é pelo mundo da confiança. Eu dou a você, eu confio em você. Houve isso no passado — restaram alguns remanescentes: ainda hoje você entra num restaurante, senta-se e come sem mostrar seu dinheiro. Só depois paga. Em cinemas e lojas você paga na hora.

Existem relações que só oferecem, não pedem, não cobram. Quando os dois lados estão empenhados em oferecer, ninguém fica no "prejuízo", que é a lógica do mundo capitalista. Escrevo sobre isso inspirado pela vivência de uma relação de confiança, da amiga que confia, que oferece e não espera nada.

Talvez essa seja a verdadeira noção de "lucro" — lucra quem oferece, pelo prazer de estar com o outro, de encantar o outro. Lucra quem recebe, que se encanta com o cuidado oferecido, com o amor dedicado. Como uma mesa do café da manhã, oferecida pela amiga, sem necessidade de diálogo na noite anterior. Nem nos vimos e nos amamos, nos cuidamos, oferecemos (obrigado, Mirian Chaves).

ENTRE TODOS OS SERES

Aceito os presentes que a vida me dá, com o desejo de que sejam acessíveis a todos, pouco a pouco.

Participei de um Congresso de Biodança, no Rio, que trabalha e pesquisa a beleza da relação entre todos os seres. O hotel era de alto luxo, mas, olhando bem, todos os elementos de luxo poderiam ser baratos, acessíveis: nos jardins interiores havia plantas e árvores belíssimas. Cuidando bem, crescem sozinhas. Seixos, pedras e iluminação são baratos. Piscina: existem as de ferro e as de cimento. Não precisamos pagar o acesso ao sol, à luz, à delícia do ar. O afeto não requer dinheiro, não há compra e venda. Portanto, todos podem ter.

É preciso aprender, sim, a vida diferenciada. O amor delicioso com minha mulher é também fruto de um longo trabalho pessoal de cada um de nós, atingindo entrega à vida por meio dos conhecimentos do tantra. É verdade que são milhares de livros comprados, mestres freqüentados, cursos que tiveram um custo. Mas podemos difundir esse conhecimento cada vez mais barato.

A vida me deu, eu devolvo à vida.

Eu dedico minha atividade, meu corpo e minha alma a embelezar lugares, pessoas, encontros. Crio, personificando o Criador. A inspiração me orienta, indicando-me o caminho.

DROGA DOCE

Veja as formigas. São muito trabalhadoras, até demais, penso às vezes. Mas há um momento quando tudo se desorganiza e o formigueiro desaparece. É um certo pulgão a causa de tudo: ele tem dois tubinhos nas costas que liberam um líquido doce. Quando as formigas encontram o pulgão, elas o revistam, descobrem o sabor doce... e enlouquecem, é uma verdadeira droga. Dali em diante, as formigas somente cuidam do pulgão. O criam, paparicam e vivem chupando a droguinha. Não cuidam de mais nada. Em pouco tempo o formigueiro desaparece.

Os seres humanos são muito trabalhadores. Até demais, penso. Mas existe um momento, nos indivíduos jovens, em que tudo se desorganiza. É quando uma substância vem adoçar, suavizar o modo de viver duro que a sociedade tem reservado para eles. A sociedade é tão competitiva que é preciso um diploma superior para ter a chance de uma vida um pouquinho melhor. Quem não tem, só executa tarefas de último grau, nunca realiza seu sonho, só trabalha para realizar o sonho de outros bem-sucedidos.

Os adolescentes vivem o choque de descobrir um mundo assim, bem cruel.

Os adultos estão nele já faz tempo. Trabalham como loucos e não têm tempo para os filhos. Todo mundo come em excesso (carne, queijo, ovos) para ter a coragem de um animal para continuar. É dose para leão. Quando o adolescente experimenta a maconha, ele se sente maravilhosamente relaxado. Tão aliviado que não quer fazer mais nada. Os estudos não avançam mais e alguns só vivem vendendo maconha (ou *crack*, cocaína, *ecstasy*, LSD etc.) a outras vítimas.

REDE DE TROCAS

Já que nós fizemos essa droga de sociedade, compete a nós criar situações de doçura que diminuam a necessidade de maconha. Primeiro o afeto. Como uma planta que busca luz de todas as suas folhas, quem saiu da infância carinhosa e entra no mundo distante e animal dos adultos comerciantes e gananciosos precisa de um lugar de afeto. Um casal que soube manter o tesão, que se beija, se abraça, que se preocupa em saber onde está o filho, que consegue escutar conversas, cria um ninho no qual o aprendiz-adulto encontra um bom referencial. Com isso, o adolescente fica relaxado, sossega e não precisa da maconha para aliviar o estresse.

Uma forma de curar este mundo é estabelecer uma rede de troca desinteressada. Mudar o referencial de comércio e de lucro para a cooperação, o interesse pelo outro, um compartilhar a vida, criando uma rede, uma teia que favorece o despertar de um jovem amoroso, afetuoso, confiante na vida. Ele vai se deliciar de amor, de contato, de toque, de vivência profunda, de confiança entre os pais. Vai se encantar pela vida.

Ele pode estabelecer uma relação de confiança: confia nele mesmo, confia no mundo. E, pouco a pouco, cria a próxima fase dessa sociedade, a "utopia". Buscadores de paraísos, mãos à obra.

Desenvolvimento sustentável, vida aproveitável

Penso que faz sentido buscar soluções de autonomia. Livrar-se da dependência. Afinal, estes dias estamos de castigo, sem luz, tomando banhos curtos, porque a roubalheira da quadrilha eleita é tão grande que não sobrou um tostão nas últimas décadas nem para estradas, nem para hidrelétricas ou termelétricas. Lá vêm os fardados condecorados reativar Angra 2, 3, 4, 5, 10. Até que um vazamento como o da Petrobras torne radioativo e evacuado o litoral mais bonito do país... Afinal, temos direito ao Chernobyl nacional, com todas as leucemias, as malformações e o câncer. Não vamos ficar atrás não! Este é um país sério.

Percebeu que tudo isso acontece porque a gente depende de uma rede para distribuir eletricidade? Graças a Deus, empresas de aquecimento solar para água vão prosperar para sempre. Já microondas, *freezer*, lava-louça e ar condicionado — sendo adepto da alimentação vegetariana — eu dispenso. Máquina de lavar, resta resolver. Estou desenhando um modelo.

OS CUIDADOS CORRETOS

E os esgotos? O metro linear de esgoto é muito caro. Ao contrário, casas mais espalhadas, com biodigestor e drenagem de superfície são uma solução esplêndida, que nos liberam da dependência do esgoto.

Sinto que, em relação à dependência, poderíamos escolher qual queremos. Por exemplo: posso escolher depender de um grupo de amigos, de uma comunidade em que partilhamos os cuidados com os filhos — seja oferecendo carona ou dando aula. Cuidar um do outro: esta é a dependência boa.

Mas não quero depender de uma medicina militar-policial que decide por conta própria me mutilar, me encher de venenos químicos, sem mais explicações. E ainda quer se apropriar de minha conta bancária depois. Claro, vou buscar uma solução independente. Decidi isso quando tinha 20 anos.

A solução é ensinar constantemente os cuidados corretos e continuar estudando.

ARRASTANDO A CORTE

Independência. Muitos países a reverenciam, lutaram por ela até a morte e a celebram com um feriado. Na Europa medieval, a independência foi conquistada quando novas cidades se tornaram autônomas dos senhores feudais. Foi como começar a viver. Mais tarde, conquistou-se a independência da ditadura dos reis — na Revolução Francesa, por exemplo. Aqui, ainda estamos arrastando uma corte real: o antigo rei foi multiplicado em numerosos clones, deputados, senadores, "nobres", "excelentíssimos" e, freqüentemente, ladrões.

Dependemos demais. Só damos um pio ("sim", "não") a cada quatro anos. O resto do tempo eles fazem o que lhes interessa. Você sente falta de ser governado no seu dia-a-dia? Precisa de alguém para lhe dizer o que fazer? Você escuta rádio-ditador das 19h às 20h todo dia? Claro que não! Você desliga o rádio como todo mundo nesse horário.

TOTAL INDEPENDÊNCIA

Você já pensou o que aconteceria se tivesse uma casa totalmente independente, com luz própria, sistema de esgoto próprio, captando água em minipoços, fazendo reciclagem do próprio lixo, produzindo boa parte da comida, trocando objetos de que precisa por serviços, organizando cooperativas-colégios para os filhos?

Você não precisaria mais do governo. Para a coordenação entre nações bastaria uma pequena agência privatizada. Decisões fundamentais seriam tomadas por telefonemas do tipo "você decide". Você reparou que são duzentas mil pessoas telefonando para opinar, em meia hora?

Assim, os últimos membros do governo dispensado terminariam usufruindo de uma confortável aposentadoria, aplicando os últimos golpes, roubos e corrupções. Seriam fixados num museu, como a rainha da Inglaterra, e acabariam finalmente extintos, erradicados, como a febre tifóide ou a peste bubônica. Trinta por cento do PIB liberado! Imagine a prosperidade imediata para o país. As contribuições financeiras seriam só para o condomínio ou para o quarteirão. Você poderia verificar pessoalmente tudo que é feito com o seu dinheiro.

SOLUÇÕES VIVAS

A idéia de independência mexe comigo desde que saí da casa dos meus pais, aos 18 anos. Não dou crédito a nenhum governo para minha salvação, como faziam os marxistas de 1917. Não confio na Igreja como atravessadora no desenvolvimento da minha consciência, ou na minha vivência do sagrado. Retiro meu apoio aos falhos programas educativos que formam burocratas, comerciantes e infelizes. Para minha profissão, dispenso a lista oficial de "empregos" e invento novas coisas para fazer.

Mas chega de chorar como faz a "oposição". Vamos para soluções vivas. Deixaremos fossilizar os dinossauros atuais sem sequer machucá-los.

Saúde: você dirige seu carro, não é? Por que você não poderia dirigir seu corpo também, cuidar dele? Ele é um veículo ainda mais próximo e mais precioso.

Já que você não paga um motorista credenciado pelo governo, por que você usaria um intermediário todo-poderoso para cuidar do seu corpo (o médico)? A solução é estudar como se mantém uma pessoa (você) em boa saúde: alimentação, ritmo de vida, qualidade de relacionamentos, riqueza de sexualidade e fazer sua vida ter sentido. Achei tão importante esse primeiro passo que me dedico a ensinar saúde natural há décadas, até hoje.

RESPOSTAS NOVAS

Educação: não queremos mais pessoas como lixeiras de conhecimentos mortos. Vamos preparar pessoas aptas a viver felizes. Em vez de fazer da cabeça dos adolescentes arquivos empoeirados de dados gerais obrigatórios, poderíamos ensiná-los a encontrar a informação onde estiver, dependendo das necessidades do momento criativo. Em vez de sobrecarregá-los com uma mochilona enorme de informações que jamais vão usar, podemos treinar a capacidade de dar respostas novas a desafios que nunca tivemos. Queremos que eles descubram conexões jamais feitas entre as idéias mais diversas.

Em resumo: na cabeça, menos mercadorias. E no aprendizado, mais vivências plenas, intensivas, afetivas, criativas e variadas. Até os velhos diplomas, que o sistema ainda exige para qualquer trabalho, poderiam ser superados, na hora de ser contratado, pelo critério de capacidade pessoal, sinceridade, espírito de equipe.

DIVIDIR OPORTUNIDADES

Segurança: países com menos miséria têm menos mortes por minuto. O materialismo quase animal está relacionado com o alto consumo de proteína bovina nas classes altas. O carnívoro se torna poderoso e consegue escravizar com eficiência. O dominado se desmineraliza no arroz branco e no açúcar. Ele não percebe que está excluído. "Tá bom demais", diz o camponês, na miséria. Dividir as oportunidades. Há tesouros de bondade e criatividade nas camadas sem oportunidades nem esperanças (a não ser em Deus).

A mudança começa com você. Sim, você. A sua conquista de felicidade significa muito para a sociedade. Nem precisa acelerar os acontecimentos. A grande perfeição do universo está acontecendo, conosco ou sem. O que podemos fazer é ter a inteligência para aceitar os presentes que vêm do fundo da vida: desafios que parecem impossíveis. Podemos fluir e dançar com o curso inesperado dos acontecimentos, com humor, rir de nossos tropeços. Feito o contato com a imortalidade, podemos sorrir para a dor e para a morte. Tudo continua.

As mulheres em nova adolescência

Ela sente que há uma mudança em sua vida. Os filhos já são grandes, adolescentes, ou com mais de 20 anos. Ainda estão em casa, mas têm vida própria — entram e saem, quase não aparecem. A mulher percebe que definitivamente não precisa mais dar de mamar, nem trocar fraldas.

Do lado do marido, também a distância é grande e a rotina, absoluta. Quando ele vai falar, ela já sabe o que irá dizer. Na cama, nas raras vezes em que fazem sexo, ela também sabe exatamente tudo o que irá acontecer, minuto por minuto — e como se sentirá depois. O marido se dedica de corpo e alma ao trabalho. Afinal, os gastos com a casa são altos e ele cumpre seu papel instintivo de caçador da renda. Só aparece em casa exausto e não dedica nenhum tempo à esposa.

Ela, daqui a pouco se aposenta e está no que eu chamo de "nova adolescência da mulher". Tem tempo livre, é razoavelmente jovem, é bonita e arrumada — embora pudesse ser mais. Nesse momento da vida, está como num divisor de águas: pode ir para baixo ou para cima. O primeiro risco é que tire o útero. O médico disse: "Você tem alguns miomas, um pouquinho de sangramento às vezes. Você não vai mais usar esse saquinho para fazer bebês, não é mesmo? Então vamos tirá-lo e jogá-lo fora, assim você fica livre!" (e ele fica rico).

ÚTERO E MENOPAUSA

O que o médico não sabe é que o útero é um chacra. É o segundo chacra na coluna espiritual que temos de iluminar para realizar nosso ser sagrado. Das sete lâmpadas, lá vai uma retirada e jogada fora. Fará falta. Vai se tornar um buraco de sombra. De fato, a mulher sem útero tende a parar seu desenvolvimento pessoal. Pelo menos fica mais difícil (algumas superam muito bem a dificuldade). Prefiro preservar o útero antes: a alimentação rigorosa, fazer algo com o corpo e sobretudo com a alma. Os miomas reduzem e o sangramento pára definitivamente. A mulher pode viver com o fluxo menstrual cada vez menor, sem se incomodar, até a idade avançada, cuidando sempre da alimentação e com um novo estilo de vida.

Outro arrecife na navegação pós-40 é a chegada da menopausa. Os calores são insuportáveis e lá vem o médico vendendo reposição hormonal. Ela já vem sendo abandonada na Europa e nos Estados Unidos, mas eles mandam as sobras para cá e nos convencem de que é algo bom. Não seria melhor fabricar hormônio novamente no seu corpo, em vez de comprá-lo fora? Não seria melhor tirar a gordura que entope as glândulas, para que elas possam funcionar? Imagine entupir a vela do filtro de água com requeijão e tentar depois filtrar a água...

Os calores, me confessa uma paciente, ex-aluna e amiga, vêm com tesão. Na hora de "fechar a loja", o corpo manifesta quanto faltou transar, quantos orgasmos não foram vividos e que a vida quer sentir.

O corpo da mulher de quarenta e poucos ainda é lindo. Os seios ainda têm sua glória, a forma toda do corpo é encantadora. O marido e a sociedade abandonam a mulher no momento em que ela precisava vivenciar o prazer com mais intensidade.

A POTENCIALIDADE MÁXIMA

Depois de ouvir este início de texto, minha linda mulher acrescenta: "Toda mulher pode obter do útero a potencialidade máxima. Mas para isso precisa estar de bem com o prazer, com o êxtase. É a chave que abre a porta de um mundo diferente. Ela pode compreender que seu corpo é um templo de graça, de prazer, de descoberta. É um templo de sensações. Este é um mundo de sensações e se você não viver intensamente, a qualidade do que tem a oferecer é menor, porque você não conhece a vida. Mas, quando se tem um grande orgasmo, a qualidade do que você oferece ao mundo é distinta, porque você sabe. Você viveu".

Eu escutava a história de uma colega minha, que não se relacionou com uma pessoa que estava interessada nela porque teve medo de ser usada. E por que ela não fez uso dele também? Por que as mulheres se paralisam de medo? Usem dos homens! Quantas mulheres perdem oportunidades! É uma bênção ser usada. A vida é para ser usada — não para ser guardada. Guardada é a vida no plano astral. A vida proporciona orgasmos para dizer: olhe o que lhe espera no futuro, é um tempo ininterrupto de orgasmos. E quando a gente vislumbra esse tempo, tem vontade de viver mais e evoluir rápido, de ajudar aos outros, de construir uma linda história de compartilhamento.

O orgasmo é a sensação do universo. Se você não experimenta, que pena! Vai embora sem saber o que há em você mesmo. Vai voltar mais uma vez para viver o que não viveu, para encontrar o universo dentro de si.

..... A SENSAÇÃO UNIVERSAL .....

Eu acho que a gente deve se tocar, se beijar, se encontrar, se acariciar, se deixar beijar, se deixar tocar, se deixar acariciar... e encontrar essa sensação universal: o orgasmo.

A vida pode ficar triste sem orgasmo, mas existem outros tipos de êxtase, como os experimentados pelos poetas, escritores e inventores. Eles encontram a vivência cósmica que é fundamental para fazê-los avançar.

Essa energia é de graça. Em tempos de apagão, vou poder caminhar na rua e irradiar sem proibições. Todo mundo fala em economia de energia: eu saio e esbanjo. Quando você se sente iluminado, você irradia para o outro. É uma energia de "graça" porque não se paga e porque é divina. A vida a usa completamente. Não há desperdício de consciência, porque a vida aproveita. Você pode iluminar seu colega, pode iluminar sua família, seu bairro. Imagine todo mundo iluminado! Como diz a música: "Ilumina, ilumina meu peito...". Coração irradiante tem que ver com a paixão de viver, com o tesão da vida. A história de que a paixão destrói é balela. É porque você não transmutou a paixão em luz, em energia de transformação. Eu digo que é possível viver permanentemente apaixonado.

Por fim, a paixão, quando destrói, está relacionada com Shiva. De todas as maneiras, vale a pena. É transformação. "Tudo vale a pena se a alma não é pequena." Sabe o que não vale a pena? É não viver, é não tentar. "Viver e não ter a vergonha de ser feliz." As músicas têm profundidade de mensagem.

Minha mulher acrescenta: "É possível escrever em dupla. É como a solução encontrando o problema que lhe corresponde: há uma paixão de um pelo outro. Eu entrei no seu texto. O outro entra e continua a escrever. Como um que escreve enquanto o outro é o espírito que o inspira".

Vamos escrever nossa vida com muitos amigos de alma.

Paris, vinte anos depois

Há momentos em que tudo é mágico. Por acaso, o rádio toca sua música, as idéias vêm, parece que um canal de repente foi aberto. Em pé, na praia, onde eu brincava quando bebê, uns cinqüenta anos atrás, vejo que valeu a pena a busca contínua. Valeu o esforço para descobrir e expressar.

Passo alguns dias em Paris no inverno. Quatro graus. Gelado, escuro, superativo. Todos andam na rua, falando ao celular. Sozinhos. Passeio e tenho lembranças em cada esquina. Foi há vinte anos. Aqui tudo funciona, tudo é planejado, organizado, regulamentado, burocratizado. As pessoas são amparadas, a medicina é gratuita, todo desempregado recebe o mínimo garantido de R$ 1.200 até achar trabalho. Mas as pessoas não são muito felizes.

Na França, como no Brasil, educamos nossos filhos para se adaptarem à sociedade tal como ela é. Os adequamos à distorção instalada. Isso é o que o animal faz: o lobo ensina o filhote a caçar e a se defender. Ele o forma para se adaptar ao meio tal como está. A educação humana pode ser um passo à frente. Treinar o jovem (ou o adulto) para deixar aflorar seu instinto mais sagrado, independentemente da época. Precisamos incentivar o adolescente a criar divinamente novas formas de viver. Como?

Por exemplo, moldar estados meditativos nos quais se gera maior harmonia com o mundo, com as próximas fases evolutivas. Interesso-me por filosofia, espiritismo, inspiração, biodança e seu afeto, tao, tantra, Eros, experiências e tecnologias alternativas, desenvolvimento sustentável, novas sensibilidades.

RECOMEÇAR UMA VEZ MAIS

A experiência do renascer é muito forte aqui na Europa. Vem do clima. Você volta a viver depois do frio, do esforço, da dor. Agora mesmo na minha Bretanha natal, depois de dias e dias de frio cruel, de céu escuro, nublado como um teto de chumbo, depois de dias de chuva, tempestade, hoje, como um milagre, o sol saiu e já há brotos verdes nas plantas, algumas tímidas florzinhas vermelhas explodem na paisagem cinzenta. Ouço até passarinhos cantando. Pela primeira vez sento-me à mesa do jardim (com capa e cachecol) no fraquinho solzinho de meio-dia.

Dizia meu mestre que é melhor viver num país de quatro estações, para ser estimulado, fortalecido. Eu dou um passo além — tento superar o mestre! As estações que precisamos vencer são as da alma. Depois do inverno interior é preciso renascer. A sorte de "nós", brasileiros, é não termos problemas com o clima. Temos o paraíso térmico. Portanto, podemos mostrar ao mundo como vencer a consciência gelada. Desabrochar o espírito. "Algo" dentro de você já sabe como fazer isso. Resta-lhe ousar, sentir. Escutar e seguir seu guia interior, que é o mesmo que faz rodar a galáxia. Não viver só na aldeia das mercadorias e sim num cosmo em evolução.

"A vida é muito boa comigo", diz minha mulher amada. Em realidade, é ela que é muito boa com a vida. É ativa, organizada, intuitiva e muito sábia... e goza forte, como nunca vi. O que devemos fazer? Preparar o corpo. Não adianta comer bicho morto. Um dia prepararam aqui lagostinhas que se mexiam antes de ser cozidas vivas. Não gostei mais. Não quis comer. Arroz sim, e legumes cozidos.

UPGRADE HUMANO

Ouvir cada ser que se expressa, humano, animal, vegetal, mineral. Eu estava pisando nas rochas com a maré baixa e elas estavam literalmente cobertas de ostras. Era impossível pisar nas rochas sem danificar as ostras, quebrando um pouco as bordinhas. Me incomodou. É muito trabalhoso para elas se refazerem. Voltei para as rochas, sem ostras, e pensei: "Vou alcançar onde só tem rocha para pisar, aí sem problema". O mineral é feito para que se pise, se ande nele. O vegetal é feito para comer. O animal não existe para ser comido, mas sim para que se brinque com ele. O ser humano existe para compartilhar, ensinar. O divino, o espírito, está aí para que aprendamos com ele e para nos mandar afeto. Reverenciar. "'Juntos' é o nome de tudo aquilo."

Ah, sim! Deixa eu contar mais uma coisa daqui. Eu tenho de ficar o tempo todo berrando! Estão surdos! Minha mãe, meus tios e muitos outros usam aparelhinhos nos ouvidos. Não escutam os pássaros. É colesterol, proteína, manteiga boa. Cada refeição precisa ter um produto animal, carne ou peixe. Há poucos legumes e muito doce. Todos tomam café. Com meu antigo amigo do peito, não consegui uma conversa profunda. Eles só batalham pela sobrevivência, por lucro, pela matéria, por viagens. Para o Brasil não. É violento demais. Assusta. Com o rim saturado, vem o medo. Vamos, nós dos trópicos, mostrar uma forma de viver mais interessante?

Transformar os pequenos desejos materiais, comida, luxo e segurança em algo mais sutil. Alcançar uma base razoável para todos. Transmutar nossa energia para desejos de mais lucidez, compreensão, dedicação. Ter desejo de fazer bem-feito, de melhorar. Um "*upgrade*" pessoal, individual e coletivo. Vamos experimentar?

Celebrando os desejos de Deus

Que planeta bacana! Num cosmo em plena expansão, é um cantinho com água e transmutações. É um bom lugar para se transformar, para amadurecer, purificar sua alma eterna. Aqui são possíveis experiências incríveis, sofrer, superar, amar, inventar e criar. Nossa civilização é muito linda. Agora concordo. Podemos ajudar a construí-la. Há ainda muito a ser descoberto, compreendido e realizado. Realizamos sonhos, concretizamos o pensamento divino difuso. Lemos as possibilidades de vida.

Quem avançou um pouco indica o caminho para os outros. É o caminho para sofrer menos e brincar mais.

Essa nossa cidade-jardim, Brasília, é o sonho realizado dos utopistas do século XVI, até hoje. Vem desde a *Utopia*, de Thomas Moore, de 1515, passando por Proudhon, até pensadores atuais. É um sonho realizado. Eu sonho reproduzi-lo pelo país adentro: construir novas cidades, com um novo estilo de vida.

O processo da consciência está se realizando por seu intermédio. É possível freá-lo com repressão ou dançar com a música que soa no seu coração. Para escutar é preciso silenciar. Para alcançar o silêncio interior você pode dormir ou, melhor ainda, meditar (a mesma entrega que o sono, só que ficando alerta). E funciona também quando você dança em êxtase e quando dança com outro corpo, amando.

O SONHO DO UNIVERSO

Afinal, você vai realizar o que seus pais mandaram ou o que o universo espera de você? Realize o *seu* sonho. Ele é o universo sonhando por seu intermédio. A aplicação de seu sonho é numa nova profissão, um novo estilo de relação amorosa, novos lugares de vida, novos amigos: os de agora, não os de "antigamente".

Olhe os distintos degraus da alma divina ao seu redor! A minha gatinha subindo na azaléia em flor no jardim, a grama ao meu redor, engolindo todo o vermelho, laranja e amarelo do sol, me devolvendo um verde intenso, luminoso. Fecundar, fertilizar. É a gatinha que fez amizade com o cachorrinho da vizinha. Brincam juntos, inimigos reconciliados, dissolvendo o tédio na brincadeira divina.

Preciso dar orientações. Quais são os prazeres que você sentiu ultimamente? O sol na sua pele? A água lhe refrescando (seja a piscina ou um simples jato de água)? Foi seu amor acariciando seu corpo e lhe dando prazer?

DISSOLVENDO CULPAS

Mulher, não fique mais sozinha. Nessa cidade, há centenas de homens que estão cheios de tesão, e querem construir o amor. Homem, meu colega, cubra de ternura e afeto sua amada, para que ela fique cheia de desejo.

Se o processo é interrompido em algum ponto, procure estudar o tantra, libertar-se dos seus medos, dissolver suas culpas, absolver o que os outros chamaram "pecado". São simplesmente os desejos de Deus dentro de você.

Ejaculação precoce tem cura, frigidez pode se transformar em tesão para a vida. Há técnicas para nos reconciliarmos com o humano, experiências-vivências para cicatrizar a alma machucada, o corpo mal-amado, reinstalar o *software* certo do amor em nossa máquina. Esplendorosa máquina do corpo, construída para gozar, na missa verdadeira do orgasmo. É importante aprender como o outro é bom e, juntos, celebrarmos.

O clima neste país é adequado para desenvolvermos novos comportamentos e levá-los para o mundo. Podemos aprender a conduzir melhor o corpo por meio do prazer. Aqui é o Detran: Departamento de Transcendência. Coragem, vamos para o próximo passo da civilização que é ser feliz no amor, no tesão, no sexo. Também no amor aos filhos e a todos os seres vivos.

HORA DE RECOMEÇAR

Nada errado na nossa civilização, ela é maravilhosa. Só tem partes a completar para que possamos vislumbrar a grande imagem, a consciência expandida. A ciência e a religião podem ser vivenciadas unidas, no orgasmo. Para isso, precisamos atualizar nosso comportamento. Grupos de trabalho sobre a sensibilidade ajudam: homens e mulheres decididos a desvendar a ignorância, apagar o sofrimento numa nova partida. É hora de começar e recomeçar. Brincar, em vez de sofrer. Construir, criar, em vez de trabalhar.

Trabalhar é ser escravo, realizar os sonhos de apenas alguns. É possível aprender a criar seu próprio destino. A viagem da vida é linda demais, o veículo corpo é incrível. Já mostrei como cuidar melhor dele, para começar. Vamos continuar, então: aprendendo a viajar com este veículo-corpo subutilizado, compreendendo com o pensamento, sentindo pelos exercícios e pelas vivências. Reabrindo os canais da energia sagrada.

Viva!

É um tesouro maravilhoso, precioso. Se chama estar vivo. Custou muito esforço para seus pais e para você. É o bem valiosíssimo que qualquer planta quer preservar a todo preço. É o privilégio que cada animal defende até a última energia — estar vivo... É o bem supremo que o ser humano deixa de lado.

Le vierge le vivace le bel aujourd'hui (o virgem, o vivaz, o belo dia de hoje) do poeta francês Guillaume Apollinaire. Queremos vibrar com a luz do céu, com a voz que nos acaricia. Queremos chorar com a emoção do momento que é tão bonito e também porque foi tão difícil chegar até aqui, tanto sofrimento e tantos que ainda sofrem.

Queremos de vez em quando escapar. Queremos explodir de liberdade, em meio a nossa prisão. Já me despedi do mundo e em aparência ainda estou aqui. Quando criança eu sonhava navegar. O mar que escolhi são as pessoas. Tantos alunos, tantos pacientes, amigos.

Queremos sofrer por algo e não por nada — eu vibro ainda do eco das vozes que não estão mais aqui. Sinto sede de grandes paisagens nas quais a dor se dilui. Eu busco a água das cachoeiras e dos rios profundos, como bofetada gelada, para reativar minha coragem.

Ficarei imóvel e silencioso como um índio — no mato e na selva urbana — me darei inteiro em cada encontro com as pessoas. Sem amarras, sem segurança, sem expectativas. Com a força invencível da vida em mim.

Me tornei imortal quando compreendi que sempre fui assim. Foi uma revelação. E cuidarei desse animal que habito, meu corpo. Para me levar longe. Para amar muito. Para sentir o visível e intuir o não-visível, o transparente.

Entre no filme da sua vida e começe a se mexer. Tudo começa agora. A vida é infinitamente carinhosa com você e lhe dá presentes sempre, sempre. Ela lhe dá pessoas, para conhecer, ouvir, amar; lugares, para entrar em êxtase; golpes, doenças, dor, para você se levantar e continuar seu caminho. A vida lhe dá memória para celebrar a beleza no eterno presente.

Comece a ouvir seu coração. Escute essa voz. É seu verdadeiro caminho. Pouco a pouco você mudou de lugar, de trabalho, de país, de amigos. Você é recém-nascido, mais e mais uma vez — sua força é seu grito, sua beleza.

IMPRESSO NA
sumago gráfica editorial ltda
rua itauna, 789 vila maria
02111-031 são paulo sp
telefax 11 **6955 5636**
sumago@terra.com.br

------ dobre aqui ------

ISR 40-2146/83
UP AC CENTRAL
DR/São Paulo

CARTA RESPOSTA
NÃO É NECESSÁRIO SELAR

O selo será pago por

summus editorial

05999-999 São Paulo-SP

------ dobre aqui ------

MANUAL DO BEM-VIVER

------ recorte aqui ------

CADASTRO PARA MALA-DIRETA

Recorte ou reproduza esta ficha de cadastro, envie completamente preenchida por correio ou fax, e receba informações atualizadas sobre nossos livros.

Nome: _____ Empresa: _____
Endereço: ☐ Res. ☐ Coml. _____ Bairro: _____
CEP: _____-_____ Cidade: _____ Estado: _____ Tel.: ( ) _____
Fax: ( ) _____ E-mail: _____ Data de nascimento: _____
Profissão: _____ Professor? ☐ Sim ☐ Não Disciplina: _____

1. Você compra livros:
☐ Livrarias ☐ Feiras
☐ Telefone ☐ Correios
☐ Internet ☐ Outros. Especificar: _____

2. Onde você comprou este livro? _____

3. Você busca informações para adquirir livros:
☐ Jornais ☐ Amigos
☐ Revistas ☐ Internet
☐ Professores ☐ Outros. Especificar: _____

4. Áreas de interesse:
☐ Psicologia ☐ Comportamento
☐ Crescimento Interior ☐ Saúde
☐ Astrologia ☐ Vivências, Depoimentos

5. Nestas áreas, alguma sugestão para novos títulos? _____

6. Gostaria de receber o catálogo da editora? ☐ Sim ☐ Não

7. Gostaria de receber o Ágora Notícias? ☐ Sim ☐ Não

Indique um amigo que gostaria de receber a nossa mala-direta

Nome: _____ Empresa: _____
Endereço: ☐ Res. ☐ Coml. _____ Bairro: _____
CEP: _____-_____ Cidade: _____ Estado: _____ Tel.: ( ) _____
Fax: ( ) _____ E-mail: _____ Data de nascimento: _____
Profissão: _____ Professor? ☐ Sim ☐ Não Disciplina: _____

Editora Ágora
Rua Itapicuru, 613 7º andar 05006-000 São Paulo - SP Brasil Tel (11) 3872-3322 Fax (11) 3872 7476
Internet: http://www.editoraagora.com.br e-mail: agora@editoraagora.com.br

cole aqui